치유의 영성

치유의 신학적 의미와 현대적 영성지도

끊임없이 주님을 묵상하며
기도하는 일에 날마다 헌신함으로써
이 힘한 세상 한복판에서
상처입은 현대인들에게
그리스도의 치유와 희망을 전하고 계시는
_____에게
이 책을 드립니다.

25주년기념 개정증보판, 35만부가 판매된 고전적 베스트셀러

치유의 영성

프랜시스 맥너트 지음, 신선명 옮김

치유와 돌봄이 있는 희망의 선교동산
아침영성지도연구원

HEALING

Revised and Expanded—The Bestselling Classic

by Francis MacNutt, Ph.D.

Published by Ave Maria Press

All Rights Reserved

Korean Translation Copyright © 2006

by *Achim Institute for Spiritual Direction*

이 책은 아침영성지도연구원이 *Ave Maria Press*와
독점 계약하여 새롭게 펴낸 것으로,
저작권법에 따라 한국 안에서 보호를 받는 책이므로
무단전재와 무단복제를 금합니다.

들어가는 말
치유의 역사

지난 몇 년 동안, 온 교회 안에 엄청난 변화가 생겼다. 교회 밑바닥으로부터 대부분의 공식 선언서에 이르기까지 그 변화의 소용돌이는 말로 다 할 수 없다. 곧 치유의 영성이 새롭게 강조되고 있다는 사실이다.

공식 선언서 가운데, 교회 안에 가장 깊숙한 변화를 끼친 시점은 아마도 1974년 1월 1일이었을 것이다. '임종예식'이나 '종부성사'나 '최후의 의식'이라고 불렸던 성례전들이 '병자치유예식'으로 바뀌었다. 그 목적은 이제 모든 사람을 치유하려는 데 있다. 그것은 공공연한 목적을 위하여 존재한다. 더 이상 죽음을 준비하는 데 주안점을 두지 않는다. 성례전의 목적을 이렇게 새롭게 방향짓는 이유가 무엇일까? 그것은 그 목적이 죽음의 위험 속에 빠져 있는 이들을 섬기기 위해서뿐만이 아니고, 심각한 질병 때문에 고통당하고 있는 사람이라면 누구든지 섬기기 위해서이다.[1] 이러한 변화들은 아픈 이에게 기름을 바르는 초창기 모습으로 돌아가는 것을 나타낸다. 그런 모습은 실제로 중세 시대까지 교회 안에 널리 퍼져 있었다.

동시에, 저 밑바닥 현장에서 우리는 아픈 이들을 위한 치유기도의 능력을 재발견하고 있는 기도 그룹들을 보고 있다. 이것은 단지 이론적인 변화가 아니다; 그것은 기도를 통하여 치유받은 병자들을 목격한 이들의 경험에 바탕을 둔 변화이다. 웬만한 모임에서는 이제 내가 "여러분 가운데 여러분의 기도를 통하여 치유된 병자들을 본 적이 있습니까?"라고 물으면, 거의 절반이 손을 든다. 이와 비슷하게 내가 그들 자신의 병이 스스로의 기도를 통하여 치유된 적이 얼마나 되느냐고 물으면, 역시 절반 가량이 손을 든다. 하지만, 몇 년 전까지만 해도, 내 기억에는 신유기도 그룹들조차도 육체적인 치유를 위한 기도에 대하여 머뭇거리는 자세를 취했었다.

아마 뭐니뭐니 해도 가장 놀라운 발전은 이것일 것이다. 곧 지난 몇 년 사이에, 의학적이고 과학적인 공동체들은 건강한 영성이 육체적인 건강을 가져올 수 있다는 커다란 이점을 발견했다는 점이다. 수많은 연구들을 통하여 교회에 정기적으로 출석하는 사람들이 더 나은 건강을 누리고, 묵상이 스트레스에 관련된 질병들을 감소시키며, 즐겨 남을 돕는 그룹들이 더 길고 더 행복한 삶을 살게 된다는 사실이 드러나고 있다. 건강 연구의 지평에서 새로운 것은 그리스도교 기도의 이점들이다. 감사하게도 그 동안 나는 류머티즘성 관절염을 위한 치유기도 연구에 함께 참여하는 특권을 누려 왔다. 그런데 거기서 보여주고 있는 것도 다른 게 아니다. 기도야말로 진정 효과적인 처방이라는 사실이다.

내가 치유사역에 참여하게 된 것은 아주 자연스런 계기를 통해서였다. 의사가 되려고 했던 나의 간절한 바램이 그 준비과정이었던가 보다. 그러한 바램은 1944년, 내가 예과 2학년을 마친 뒤에, 미주리 주 세인트루이스에 있는 워싱턴대학교 의과대학에 입학했을 때 거의 이루어질 뻔 하였다. 만일 모든 것이 순조로웠다면, 나는 스물세 살의 젊은 나이에 의사가 될 수도 있었을 것이다. 하지만 그 꿈은 의과대학에 입학하기 불과 열흘 전, 1944년 9월, 제2차 세계대전 기간 동안에 징병을 당함으로써 산산이 부서지고 말았다. 그 뒤 2년을 나는 육군 의무병과에서 외과 의무병으로 섬겼다. 미주리 주, 크라우더 부대, 한 병원 수술실에서 대부분을 보냈다.

여러 해 뒤, 나는 도미니칸 수도회에 들어갔다. 그리고 거기서 운영하는 신학대학원에서 신학을 공부하게 되었다. 열정을 다하여 공부하였다. 특히 지난날 교회 역사 속에서 성자들이 어떤 삶을 살았는지 그 발자취들을 읽게 되었다. 그 때, 나는 의아해 하지 않을 수 없었다. 왜 그 당시 성자들의 삶 속에서는 치유가 날마다 일어났는데, 우리는 그러한 일을 위하여 기도하라고 격려하지 않는가? 치유를 위하여 기도하는 것이 주제넘는 짓이란 말인가? 사람들마다 치유에 대한 인상은 아주 냉소적이었다: "자기가 무슨 성자라도 되는 것처럼……". 그러나 나는 확실히 아니었다. 우리는 하나님의 능력을 비범하게 나타낼 수 있는 자격이 없었다.

나는 개혁교회에 다니는 한 친구가 와서 자기 아들이 어딘가 실명이 된 것 같으니 치유해 달라고 부탁했던 일을 똑똑히 기억하고 있다. 1956년 7월, 내가 안수를 받고 성직자의 길에 들어선 지 고작 한 달이나 지났을까? 나는 그에게 어떻게 대답해야 좋을지를 몰랐다. 내가 아는 단 한 가지 사실은 나는 결코 성자가 아니라는 것! 그래서 나는 그의 집에 가자는 것을 한사코 거절하였다. 나는 내가 그를 실망시켰음을 알았다. 그러나 만일 내가 그의 집에 가서 기도해 주었을 때, 그의 아들이 치유라도 안 되면 그를 한층 더 실망시킬 것이라고 느꼈다.

그러나 여러 해가 지난 뒤, 내가 신학대학원에서 가르치며 수많은 사람들과 대화를 시도했을 때, 나는 내가 내 삶 속에서 무엇인가를 놓쳐 버리고 있다는 것을 깨닫게 되었다. 상담하기 위하여 오는 이 모든 사람들에게 내가 어떤 종류의 영성지도를 해줄 수 있을까?

그들 가운데 대다수는 그들을 치료하던 정신과 의사들이 보낸 사람들이었다. 그들은 우울증에 빠져 있었다. 그 가운데 몇몇은 자살까지 시도하기에 이르렀다. 어떤 이들은 알코올에, 어떤 이들은 성에 중독되어 있었다. 어떤 이들은 가망이 없을 정도로 혼돈에 빠져 있었다. 자신들은 가치가 없으며 사랑을 받을 만한 자격도 없다고 느끼고 있었다. 그들의 정서적 문제는 자신들의 '영성적인' 삶과 분리될 수가 없었다. 인간으로서 그들은 슬픔과 죄책감에 질질 끌려 다니고 있었다. 하지만 그들은 스스로의 의지로는 그런 문제들을 극복할 수가 없었다. 그 가운데는 자신들의 삶을 그리스도께 바친 이들도 있었다. 그러나 그 모든 선한 뜻에도 불구하고, 그들은 자신들이 공동체 안에서 행복하게 살 수 없음을 발견하였다.

나는 솔직히 내 자신에게—또는 그들에게—이런 파괴적인 고난을 주신 이가 하나님이시라고 말할 수가 없었다. 거기에는 무슨 뜻이 있을 것이라고 구속적인 의미를 담아 말할 수도 없었다. 나는 정신적으로 우울증에 걸려 충격요법을 받고 있는 환자에게, 그의 불안 상태가 하나님의 뜻이며 그것은 하나님이 특별히 선택하신 축복이라고 진심으로 말할 수가 없었다. 분명코, 이 안에는 신비가 있었다. 그러나 그것은 악의 신비였다; 나는 그것이 하나님의 직접적인 뜻이 깃들어 있는 신비라고 믿을 수는 없었다.

(1960년에) 나는 (치유사역을 위하여 설립된) 성 누가회의 성공회 창립자 가운데 한 명인 알프레드 프라이스(Alfred Price)가 듀북장로교신학대학원에 강연하러 온다는 소식을 들었다. 그래서 나는 마음을 단단히 먹고 그의 강의를 들으러 갔다. 그가 하는 말은 하나같이 사리에 맞았다. 특히 예수 그리스도께서 자신의 제자들에게 가르치는 것만큼이나 치유하는 것에 대해서도 위임을 하셨다는 말이 가슴 깊이 와 닿았다. 그는 마태복음 10장에서, 예수님께서 제자들에게 이중적인 위임 곧 선포

하는 것과 함께 치유하고 악한 영들을 내어쫓는 권한까지 부여하셨다고 말하였다. 그리고 나서, 그는 만일 교회가 아직도 가르치라는 그리스도의 위임에 대하여 주장한다면, 치유하고 귀신들을 내어쫓으라는 두 번째 위임에 대해서는 도대체 어떻게 된 거냐고 물었다.

강연이 끝난 뒤, 그룹토의가 있었다. 그리고 자신들이 아픈 이들을 위하여 어떻게 기도했는지 기록들을 비교하였다. 참가자들은 자신들이 경험했던 현상 가운데 몇 가지를 묘사하였다. 가령 손에서 열기를 느꼈다든지, 또는 기도가 아주 오래 지속되었을 때 부어오르는 현상이 뒤따랐다는 것이었다. 내가 진짜로 놀랐던 것은, 거기 참석한 목사들 가운데 어떤 이들은 치유가 일어났는지 안 일어났는지에 대하여 이런저런 이론을 논하는 데는 전혀 관심이 없었다는 사실이다; 그들은 자신들이 확신하고 있는 사역들에 대하여 토의를 하고 있었다. 그들에게서 문제는 전혀 없었다; 치유는 실제로 정말 일어났다. 나에게는 전적으로 새로운 세계가 열렸다. 그러나 나는 그것에 대하여 어떻게 해야 할지 몰랐다; 아픈 이들을 위하여 기도하는 일을 맘먹고 시작해 보라고 격려해 주는 사람은 아무도 없었다.

다음으로 내가 치유에 대하여 들은 때는 1966년, 미국설교학회 연례대회에서였다(거기에 나는 그리스도교설교협의회 실행총무로 참여하고 있었다). 거기 시카고에서 나는 몇몇 친구들로부터 조 킴멜(Jo Kimmel) 여사를 소개받았다. 그녀는 맨체스터대학교 설교학 교수였다. 듣기로, 그녀는 아픈 이들을 위하여 기도하는 데 탁월한 성공을 거두고 있었다. 그녀를 만나자 마자, 나는 그녀가 아픈 이들을 위하여 기도하는 데 실제로 어떤 비범한—나에게는 거의 믿겨지지 않는—체험이 있음을 발견하였다. 그래서 나는 나처럼 성직의 길을 걷고 있는 친구 한 명을 불렀다. 그리고 온종일 함께 지내면서, 그녀가 치유기도를 해오면서 체험했던 다양한 정보를 얻어 냈다.

내 기억에, 나는 이 엄청난 치유들이 실제로 일어날 것이라고 믿는 그녀의 믿음에 대하여 놀라움을 표시했었다. 그러나 그녀의 반응은 의외였다. 오히려 이렇게 묻는 게 아닌가? '왜 치유를 꼭 비범한 것이라고만 생각해야 하는지'. 그녀는 분명 치유가 그리스도인의 삶에서 볼 때 지극히 정상적인 일부분이라고 여겼다. 자기 자신과 같은 경험을 한 이들이 수백 명 있다고 말했다. '그들이 어디에 있다는 말이지?' 나는 생각했다. 나는 이런 사람을 그 누구도 만나본 적이 없었다; 그것은 전혀 새로운 세계였다—그 때 그 신학대학원 시절, 옛 사도들의 삶에서 이런 비슷한 일들이 일어났다는 것을 읽은 것 말고는.

그녀는 나에게 이 사람들 가운데 몇 명을 소개해 주겠다고 제안하였다. 그리고는 나를 위하여 1967년 8월, 테네시 주 메리빌에서 열리는 한 대회(800여 명으로 구성된 땅끝메아리선교대회)에 참석할 수 있도록 주선해 주었다. 거기서 나는 두 명의 주 강사, 아그네스 샌포드(Agnes Sanford) 여사와 토미 타이슨(Tommy Tyson) 목사를 만났다. 그리고 치유기도에 대하여 훨씬 더 많은 것을 배웠다. 1년 뒤, 매사추세츠 주 휘튼스빌에서 열린 목회돌봄을 위한 학교에서, 나는 아그네스, 토미, 그리고 존 샌포드 목사로부터 더욱 더 많은 것을 배우게 되었다.

이 학교들(실제로는 5일간의 워크숍)은 테드 샌포드 목사와 그의 아내 아그네스가 세웠다. 이것은 치유사역이 그리스도교 목사가 해야 할 정상적인 사역(ministry)의 일부분이라는 것을 목사들에게 확신시키기 위한 것이었다. 샌포드 여사는 비록 남편이 몇 년 전 사망하였지만, 여전히 가르치는 일을 수행하고 있었다. 아마도 주요 교단의 교회들 안에서 치유사역을 새롭게 하는 데 그 누구보다도 더 책임을 느꼈을 것이다.

신앙 전통이 좀 다른 나로서는 이 목회돌봄 학교에 처음으로 참석한 사람이었다. 그러나 곧바로 치유에 관한 기본적인 가르침들이 내 신앙 전통과도 매우 일맥상통하다는 것을 알았다. 그 이유는 내가 치유를 포함한, 비범한 은사들을 부여받은 성자들의 전통 속에서 자랐기 때문이다. 이 치유는 지금도 여전히 정경이냐 아니냐를 따지는 시금석으로 사용된다. 그 결과, 대부분의 전통 교회들은 하나님의 치유를 믿는 데 거의 어려움을 느끼지 않는다. 다만 어려웠던 것은, 치유가 일상적이고 그리스도인의 삶에서 평범한 활동이라는 것을 믿는 것이었다. 하지만 치유가 아그네스 샌포드 같은 사람들의 삶 속에서는 보통 있는 일임을 발견하였을 때, 그 모든 것이 수긍이 갔다; 만일 그것이 사실이라면, 그것은 질병 때문에 인격이 붕괴되어 가고 있는 사람들에게 이제는 내가 더 이상 그 병이 하나님이 보내신 십자가라고 말하지 않아도 된다는 것을 의미하였다. 의학이 도울 수 없는 때라도, 하나님은 그들이 낫기를 바라신다는 희망을 내가 붙잡을 수 있게 되었음을 뜻하는 것이었다.

조 킴멜, 토미 타이슨, 그리고 아그네스 샌포드……, 내가 점점 더 사랑하고 존경하게 된 이 영혼의 친구들 삶을 통하여 치유의 현실을 믿게 된 지 얼마 안 되어, 나는 이 기쁜 소식을 마치 어떤 추상적인 이론인 것마냥 취급할 수는 없다는 것을 깨달았다. 나는 그것을 실천에 옮겨야만 했다.

내가 기도해 주었던 첫 번째 사람은 한 자매였다. 그녀는 정신적인 우울증 때문에 충격요법을 받고 있었다. 나한테 오기 전까지 정신과 치료란 치료는 다 받아 보았던 사람이었다. 나는 내가 그녀와 함께 기도하는 것이 그녀에게 손해될 게 하나도 없다는 것을 깨달았다. 그리고 나도 그녀의 치유를 위하여 기도해 줌으로써 잃을 게 아무 것도 없었다. 일종의 거짓 겸손 외에는……. 그런데 놀랍게도 (최소한 부분적으로라도) 그녀는 치유되었다. 나는 이 사건을 통하여 격려를 받았다. '내가 사람들을 위하여 기도하면 그들이 나을 수도 있겠구나!' 어느덧 작은 믿음이 싹트기 시작한 것이다. (아무래도 하나님이 '기도를 통하여' 아픈 이들을 치유하실 수 있다고 믿는 것이 '내 기도를 통하여' 치유하실 것이라고 믿는 것보다 훨씬 더 쉬웠다.)

그 때부터 나는 많은 사람들이 치유되는 것을 보았다—특히 내가 팀으로 함께 기도할 때나 사랑이 넘치는 공동체 안에서 기도할 때……. 나는 여행을 무척 많이 하는 편이다. 그래서 사후조치나 정확한 평가를 할 수는 없다. 그렇지만 어림잡아 우리가 기도해 준 이들 가운데 절반 이상이 육체적인 질병으로부터 치유(또는 눈에 띌 만큼 회복)되었다고 보고 있다. 그리고 우리가 기도해 준 이들 가운데 4분의 3정도가 정서적이고 영성적인 문제로부터 치유되었다고 보고 있다. 내가 이렇게 말하는 이유는, 하나님께서 언젠가는 여러분의 기도를 사용하여 아픈 이들을 치유하실 거라는 그 가능성을 여러분이 곰곰이 생각해 보도록 격려하고 싶어서다.

나는 치유기도 때문에 의사, 간호사, 상담가, 정신과 의사, 또는 약사가 필요없다고 부정하는 것이 결코 아니다. 하나님께서는 아픈 이들을 치유하시기 위하여 이 모든 방법을 다 동원하신다; 이상적인 것은 팀으로 함께 사역하는 것이다. 가능한 한 모든 방법을 다 동원하여 아픈 이를 낫도록 하는 것이다. 어떤 기도에는 암시의 능력을 통한 심리적인 효과도 깃들어 있다는 것을 내가 모르는 것은 아니다. 그럼에도 불구하고, 나는 내 자신의 경험을 통해서 치유를 위한 기도가 우리 자신이 도움을 받지 않고 기여할 수 있는 것보다 훨씬 더 힘있게 역사한다는 것을 확신하고 있다. 기도의 결과들은 예사롭지 않았다—어떤 때는 내가 깜짝 놀랄 만큼! 물론 지금은 나도 거의 당연한 것으로 여기게 되었지만! 비범한 것이 평범한 것이 되었다. 그리고 바로 그것이 내가 치유사역이 우리 그리스도인의 삶에서 평범하고 정상적인 부분이어야 한다고 생각하는 이유다.[2]

하지만, 아직도, 곳곳에서 일어나고 있는 극적인 변화들에도 불구하고, 하나님의 사랑의 능력을 지니고 있는 잠자는 사자를 이번 세기에 꼭 부활시켜야 한다; 아직도 가야 할 길은 멀기만 하다. 치유사역은 대개 주요 교단의 교회들을 통하여 받아들여져 왔다; 기도 그룹들은 현재 지교회 현장에서 수요일 밤예배를 활용하여 만나고 있다. 그리고 여러분도 주일예배가 끝난 뒤 치유기도를 위하여 팀에 합류할 수 있다. 25년 전에 여러분이 치유기도를 믿었더라면 약간 이상한 사람이라고 취급을 당했을 것이다. 그러나 지금은 훨씬 더 수용적이다. 나같은 사람들도 그렇게 보기 흉하지 않다. 이 책을 처음 펴낸 지 25년이 지났는데, 이제는 시대가 그만큼 엄청 변한 것이다. 적어도 절반 정도는······.

그러나 훨씬 더 많은 일이 남아 있다. 아직도 절반 정도는······. 무슨 오순절교단 사람들이나 '은사를 중시하는 사람들'만이 아니라, 모든 그리스도인들이 꼭 다음과 같은 메시지를 받아들여야 한다: 사람들이 죽어가고 있다—영성적으로, 정서적으로, 육체적으로. 그 이유는 대부분의 교단에서 그리스도교 지도자들이 복음서의 기본 메시지 가운데 본질적인 부분을 아직도 이해하거나 실천하지 못하고 있기 때문이다. 그 기본 메시지라는 게 무엇인가? 그것은 예수님이 이 땅에 오신 이유가 우리에게 그리스도인이 어떻게 살아야 할지 그 가치관을 가르치시기 위해서만 오신 게 아니라는 것이다. (비록 우리가 예수님이 가르쳐 주신 가치관—특히 산상수훈에 나타난 것들을 절대적으로 이해할 필요가 있다 하더라도.) 예수님이 오신 또다른 이유는 우리가 스스로의 의지만으로는 우리 삶을 통제할 수가 없기에 '악을 변화시킬 수 있는 하나님의 능력'을 나누어 주시기 위해서였다. 이것이 바로 예수님을 구세주라고 부르는 의미이기도 하다. '그리고 이것은 모든 면에서 사실이다.'

육체적으로, 사람들은 암이나 그 밖의 다른 질병 때문에 죽는다. 우리는 예수님이 우리를 이런 질병으로부터 치유하실 수 있다는 사실을 발견하였다. 약으로 치유할 수 없는 병조차도. 얼마나 많은 그리스도교 지도자들이—목사든지, 사제든지, 감독이든지, 교사든지—강단으로부터

이 사실을 공공연히 선포하는가? 그들은 훌륭한 사람들이다. 그러나 그들 가운데 대부분은 치유기도에 대하여 배우긴 배우되, 삶을 변화시킬 정도는 아닌 것 같다.

그리고 약물이 남용되는 사회에서, '중독' 은 어떠한가? 모든 교회들은 교회 밖의 사람들—또는 더 이상 안 나오는 사람들—이 스스로는 그만 둘 수 없는 알코올 중독, 약물 중독, 성 중독, 담배 중독 등으로부터 치유받을 수 있다는 것을 알고 있는가? 과연 얼마나 많은 교회들이 (뉴욕 시, 타임즈 광장에 있는 데이비드 윌킨슨 교회처럼) 거리를 헤매는 이들이나 창녀들에게 기도야말로 그 문제로부터 자유함을 얻을 수 있는 길이라고 말할 수 있겠는가? 그리고 목사들이 신학 훈련을 받을 때 심리학이나 상담도 배우게 되는데, 그 때 심각한 정서적 문제를 지니고 있는 내담자들을 자유케 하기 위하여 어떻게 기도해 주어야 하는지 과연 얼마나 배우는가? 약물 남용자들을 그 문제로부터 자유케 하려면 어떻게 기도해 주어야 하는지 과연 얼마나 많이 가르치고 있는가?

우리는 인간이 앓고 있는 병이란 병은 다 겪을 수 있다. 그리고 하나님께서 진실로 우리를 치유하실 수 있다는 사실도 발견할 수 있다. 이것은 놀라운 복음이다. 그러나 얼마나 많은 주요 교단의 교회들이 이것을 공공연히 가르치거나, 그 사실을 믿고 있는가?

때때로 나는 우리가 암을 치유하는 방법을 발견하고 수백만 명의 생명을 구원할 수 있는 것처럼 느낀다; 우리는 의사들(목사들과 사제들)에게 그 사실에 대하여 말하려고 애쓰고 있다. 그러나 그들에게는 그 증거를 검토할 만한 시간이 없다. 그래서 그들은 자신들의 암 환자들에게 체념하고 죽음을 준비하라고 말할 뿐이다. 대부분의 병원들(교회들)은 암을 치유할 수 있는 방법이 있는 것을 믿지도 않는다; 그들은 여느 때처럼 업무에만 매달릴 뿐이다. 래리 도세이 박사(Larry Dossey, M.D.)는 이제 앞으로는 의사들이 기도를 처방하지 않아서—질병에 대하여 효과적이라는 것이 입증된 처방전을 보류했을 경우, 의료사고로 소송을 당하는 시대가 도래할 것이라고 믿고 있다.[3] 의사들이 그럴 정도라면, 목사들이나 사제들은 더 말해서 뭘하겠는가!

그러나 로마서 10장 14-15절을 알기 쉽게 바꾸어 말하면 다음과 같다:

"그들은 자기들이 먼저 믿지 않는다면 치유를 위하여 기도하지 않을 것입니다; 그들이 그것에 대하여 들어 보지 않는다면, 그들에게 말해 주라고 누군가가 보냄을 받지 않는다면, 그들은 믿지 않을 것입니다. 성경에 기록된 것처럼, '기쁜 소식을 전하는 이들의 발걸음이 얼마나 아름다운가!' 한 것과 같습니다."

우리는 이 기쁜 소식을 강단으로부터, 공식적인 선언문에서, 그리고 신학대학에서 들어야만 한다. 불행하게도, 여전히 많은 목사나 사제는 치유사역에 대하여 자신들이 행동에 옮길 만큼 그리 신뢰할 수 있을 만한 소식을 듣지 못하고 있다. 그들은 복음서를 읽을 때조차도, 그 복음서 이야기들이 원시 종교의 표본이라고 비신화화하는 전통들을 답습하고 있다. 섭리에 집착하는 이들은 기적적인 치유는 예수님의 생애에서는 일어났지만, 사도 시대가 끝나면서 함께 사라져 버렸다고 가르친다. 하지만, 예일대학교의 고전어 교수인 램지 맥멀런 박사(Dr. Ramsey MacMullen)는 교회사 전공자로서 그리스도교가 초기 3세기만에 폭발적인 성장을 하게 된 주된 동기는 '주로' 이방인들이 그리스도인들이 아픈 이들을 치유하고 악한 영들을 내어쫓는 것을 보고 강한 인상을 받았기 때문이라고 적고 있다.[4] 그러나 지금 이 시대는 어떤가? 마지막 사도가 죽은 직후 치유는 멈추어 버렸다고 말하는 것이 역사적인 사실인 것마냥 당연시되어 가고 있지는 않는가?

오늘 많은 사람들이 죽어 간다—영성적으로 그리고 육체적으로. 나는 그 이유가 우리 그리스도인들이 예수님께서 우리에게 맡겨 주신 치유사역을 이해하고 실천하지 않기 때문이라고 믿는다. 이 책에서 내가 가능한 한 함께 나누고자 하는 것은, '예수님은 지금도 치유하신다!'는 사실이다.

나는 자신들의 체험과 지혜를 나에게 처음으로 가르쳐 주고 나누어 준 분들에게 감사를 드린다: 아그네스 샌포드, 토미 타이슨, 그리고 조 킴멜은 그런 면에서 가장 탁월한 분들이었다.

그 다음으로는, 나와 함께 세계 곳곳을 돌아다니며 설교하고 함께 배웠던 친구들이 있다: 바바라 쉴레몬 리안, 지니 힐, 린 씨네, 룻 카터 스테이플턴, 폴 샤프, 존 힐리, 마이클 스캘런, 쇠니거 박사 부부, 데이비드 씨맨즈 박사, 그리고 그 밖의 많은 이들…….

그 다음으로는, 실제로 나를 도와 대회와 영성수련을 조직해 주었던 모든 이들을 빼놓을 수가 없다. 첫째로, 미주리 주, 세인트루이스에 있는 머튼 하우스 직원들이 있다. 그들이 없었다면, 내가 그토록 수많은 여행을 하고 또 본부로 돌아올 수도 없었을 것이다. 또 플로리다 주, 클리어워터에 있는 빌과 리 부부는 자신들의 작은 기도처를 빌려 주었다. 내가 1973년에 이 책 〈치유의 영성〉(Healing) 초판을 쓴 것도 바로 그 고요한 쉼터가 있었기 때문이다.

뒤돌아 보면, 내가 안수를 받기 전, 7년 동안 철학과 신학을 공부했던 곳은 도미니칸 수도회에서 운영하는 신학대학원이었다. 사람들이 내 강의가 참 균형이 잘 잡혀져 있다고 말할 때마다, 나는 늘 내가 받았던 신학 훈련들을 떠올리며 감사해 하곤 한다. 나는 거기서 토마스 아퀴나스를 모본으로 하여, 진실하고 확실된 것은 무엇이든지 발견해 내는 법을 배웠다. 반면에, 거짓된 것은 추려 내려고 애를 썼다.

그리고 나서, 1975년에 예루살렘에서 주디스를 만났다. 1980년에 결혼한 이래, 그녀는 너무나 많은 면에서 환상적인 동역자가 되어 주었다. 1979년에, 그녀의 주치의는 그녀에게 암 초기 증상이 있음을 발견하였다―우리가 기도했을 때 그 증상은 치유되었다. 결과적으로, 우리에게는 지금 두 명의 아름다운 자녀, 라헬과 데이비드가 있다. 우리 주님께서 그녀를 치유해 주시지 않았더라면, 그 아이들도 여기 없었을 것이다.

그러다가, 1981년, 우리는 〈크리스쳔치유사역연구원〉(Christian Healing Ministries)을 만들었다. 나는 이 연구원을 섬기고 있는 직원들과 실무자들에게 많은 빚을 지고 있다. 그들은 수년 동안 많은 사랑과 감동을 제공해 주었다―특히 베티 헤인들 여사는 내가 손으로 써 놓은 원고들을 컴퓨터로 쳐 주었다.

지금 이 순간, 내가 모두에게 하고 싶은 말은 한 마디로 이것이다―하나님, 감사합니다!

프랜시스 S. 맥너트

차 례

들어가는 말: 치유의 역사 ········ 5

① 치유는 과연 일어나는가? ········ 21

② 치유에 대한 우리의 편견 ········ 43

③ 그리스도교의 기본 메시지: 예수님은 구원하신다 ········ 59

④ 가장 온전한 것이 가장 거룩한 것이다 ········ 79

⑤ 날마다 자기 십자가를 지고 가게 하라 ········ 99

⑥ 기적―일종의 증거? ········ 119

⑦ 하나님은 사랑이시다 ········ 131

⑧ 이런 믿음은 치유받아야 한다 ········ 145

⑨ 믿음의 신비, 싹트는 희망 ········ 177

⑩ "그러나 그 가운데서 으뜸은 사랑입니다" ········ 197

⑫ 나가는 말: 치유의 기적은 오늘도 계속된다 ········ 211

주 ········ 221

1
치유는 과연 일어나는가?

하나님께서 사람을 직접 치유하실 수 있을까? 그런 일이 실제로 일어날까? 이런 치유사역과 관련하여 다른 모든 질문은 가장 중요한 이 첫 번째 질문에 전부 걸려 있다: 과연 기도를 통하여 그렇게 치유받는 일이 있을 수 있는가? 직접 체험해 보았다는 증거가 없는 가운데, 교육을 많이 받은 그리스도인들은 최근 몇 세기 동안, 신학자들과 성서학자들의 의견에 의존하는 경향이 있어 왔다.

성경 안에 있는 문학 양식들을 점점 인식하게 되면서, 많은 신학자들과 성서학자들은 우리가 예수님의 기적들을 꼭 문자적으로 받아들여야 하는지 의문을 제기해 왔다. 비슷한 방법으로, 하나의 인격적 존재로서, 사단의 존재에 대해서도 의문이 제기되어 왔다; 결과적으로, 예수님의 귀신축출을 문자적으로 받아들이는 것에 대해서도 심각한 의문을 제기하게 만들었다. 다른 한편으로, 교육을 덜 받은 그리스도인들은 오늘도 여전히 치유기도에 대한 믿음을 유지하고 있다. 교인들은 여전히 치유의 기적을 찾아 구름떼처럼 몰려든다. 체육관에서 열리는 치유집회에도 참석하고, 텔레비전 화면에 비치는 부흥사들의 치유기도도 구경한다. 세련된 그리스도인들 곧 대부분의 성직자들과, 세련되지 못한 신자들 곧 스스로 성경을 읽으면서 단순하고 무비판적인 방법으로 예배에 참석하는 사람들 사이가 마치 둘로 쫙 쪼개져 있는 것 같다.

하지만, 우리는 지금 보고 있다. 하나님의 치유하시는 능력을 직접 체험하는 쪽으로 돌아오고 있음을. 그것은 매우 두드러진 현상이다. 우리는 살아 있는 교회 전통—성령께서 '오늘' 우리가 경험하고 이해할 수 있도록 돕고 계신다는 것—을 통하여 예수님께서 자신의 치유사역 안에서 행하셨던 것을 좀더 생생하게 깨달을 수 있도록 다시 인도받고 있다. 만일 우리 자신들이 치유의 기적을 본다면, 우리는 더 이상 복음서에 나타난 치유를 그려보는 데 어려움을 겪지 않을 것이다. 나는 내가 여행하는 곳곳에서 사람들이 하나님의 치유하시는 능력을 직접 체험하고 있음을 발견한다.

분위기가 변하고 있다. 사람들은 하나님을 직접적이고도 체험적인 방법으로 알고싶어 굶주리고 목말라 있다. 그리고 아픈 이들은 치유를 필요로 하고 있다. 그리스도께서 사시던 그 때만큼이나……. 그러한 필요와 갈망은 우리 인간에겐 기본적이다. 만일 부활하신 그리스도께서 아픈 이들을 여전히 치유하고 계신다면, 우리는 그리스도교를 오늘 대부분의 사람들이 필요로 하는 일에 응답할 수 있는 것으로 만드는 데 아무런 문제가 없을 것이다. 그리고 만일 여러분이, 예수님처럼, 아픈 이들 사이를 걸어다니며 여러분에게 나아오는 그 많은 이들을 치유할 수 있다면, 여러분은 예수님이 고민하셨던 몇 가지 문제들을 안게 될 것이다—따라붙는 수많은 병자들을 피해서 있을 곳을 찾는 일 따위.

내 기억에, 내가 1967년에 처음으로 사람들을 위하여 기도해 주기 시작했을 때, 그것은 매우 유별나 보였다. 그래서 1969년에 (지금은 존재하지 않는) 그리스도교설교협의회에서는 나에게 실행총무직을 사임했으면 좋겠다고 제안해 왔다. 내가 치유기도를 행하고 다니는 것이 썩 내키지 않는다는 것이었다. 훌륭하고 견실한 지교회 성직자들의 마음을 움직여 설교를 향상시키려던 그 단체의 의도를 벗어나, 중립적이고 튼실한 협의회 이미지마저 손상시킬 우려가 있다고 보았기 때문이다. 협의회―거기 속한 회원들도 모두 내 친구들이었다―의 제안이 적대적이지는 않았다. 하지만 그것은 진짜 거짓이 아니었고 현실이었다. 그래서 나는 결국 사임하지 않으면 안 되었다.

또다른 경우로, 오스트레일리아에 있는 한 텔레비전과 인터뷰를 하면서, 나는 이런 질문을 받았다: "예전적 전통에 서 있는 당신이 신앙의 치유자라는 게 좀 유별나다고 생각지 않습니까?" 보통은 '신앙의 치유자'(faith healer)라는 말이 부정적인 의미를 띠고 있다는 것을 알고 있었지만, 나는 그 때 이렇게 반문했다: "내가 그렇게 하지 않으면 그게 더 유별난 것 아니겠어요?"

그러나 문제는 다시 돌아와서, 예수님께서 여전히 치유를 행하고 계시는가 하는 것이다. 내 생각에, 가장 설득력 있는 인간적 논증은 언제나 체험이다:

> 너희가 보고 들은 것을, 가서 요한에게 알려라. 눈 먼 사람이 다시 보고, 다리 저는 사람이 걷고……나에게 걸려 넘어지지 않는 사람은 복이 있다 (누가복음 7장 22-23절).

비천하고 가난한 이들은 무리를 지어 예수님을 따랐다. 어떤 일이 일어났는지 그들이 보았기 때문이다. 반면에 종교 지도자들은 위협을 느낀 나머지, 그 모든 것이 무엇을 의미하는지를 파악하는 데만 주력하였다. 예수님께서 부활하신 뒤, 교육을 받지 못한 사도들이 그분의 치유사역을 계속하자, 군중들은 역시나 무리를 지어 나왔고, 반면에 신학자들은 도대체 무엇이 진행 중인지 계속 문제만 제기하였다. 예컨대, 베드로와 요한이 성전 미문(Beautiful Gate)에서 앉은뱅이를 고쳤을 때, 대제사장들과 지도자들과 장로들과 서기관들이 그들을 체포하면서 무엇이라고 질문하였던가?

그들은 베드로와 요한이 본디 배운 것이 없는 보잘것없는 사람인 줄 알았는데, 이렇게 담대하게 말하는 것을 보고 놀랐다. 그리고 그들은 그 두 사람이 예수님과 함께 다녔다는 사실을 알았지만, 병 고침을 받은 사람이 그들 곁에 서 있는 것을 보고는, 아무 트집도 잡을 수 없었다. 그래서 그들은 그 두 사람에게 명령하여 의회에서 나가게 한 뒤에, 서로 의논하면서 말하였다. "이 사람들을 어떻게 하면 좋겠습니까? 그들로 말미암아 기적이 일어났다는 사실은, 예루살렘에 사는 모든 사람이 다 알고 있고, 우리도 그것을 부인할 수 없습니다. 다만 이 소문이 사람들에게 더 퍼지지 못하게, 앞으로는 이 이름으로 아무에게도 말하지 말라고, 그들에게 엄중히 경고합시다."

이렇게 볼 때, 막 탄생한 교회가 처음으로 박해를 받은 이유는 사도들이 부활 설교를 해서가 아니었다. 오히려 그들이 예수님의 이름으로 치유하는 능력을 행하였기 때문이었다. 다리 저는 사람이 치유되는 것을 실제로 목격한 예수님 시대의 종교인들은 두 가지 결정을 내려야만 하였다. 하나는 이론적인 것이었다: "치유가 사실인가 아닌가?" 다른 하나는 실천적인 것이었다: "그것에 대하여 어떻게 해야 할 것인가?" 그들은 치유가 사실이라고 판단내렸다. 그러나 그들은 그것을 금지시키기로 결정하였다. 그것이 (예수님의 부활에 대한 설교와 연결되어 있어서) 교리적으로 불건전하다고 믿었기 때문이다. 특히 그 설교와 치유가 '교육받지 못한 평신도들'에 따라 행해졌기에, 그것이 자신들의 권위를 떨어뜨릴 것이라고 보았다. 결과적으로, 이들 종교 지도자들은 사도들이 설교를 못하도록 금지시킴으로써 새로운 움직임을 억누르려고 애썼다.

오늘, 종교 지도자들은 또다시 도전에 직면하고 있다. 그것은 신학자들의 이론 때문이 아니다. 사람들―그 가운데 대부분은 '교육받지 못한 평신도들' 이다―이 체험했다고 주장하는 놀라운 치유 때문이다. 결과적으로, 우리는 어떤 이론을 논의할 수 있을 뿐만 아니라, "이것이 사실인가?"를 판단하고 "우리가 그것에 대하여 어떻게 해야 할 것인가?"를 결정할 수도 있는 기회에 직면해 있다.

내가 나 자신의 체험을 통하여 확신하는 것은, 하나님의 치유가 정말로, 그것도 다반사로 일어나고 있다는 사실이다. 또 그러한 판단에 이르렀을 때, 나는 이러한 새로운 현상에 관하여 할 수 있는 한 많이 배우고 아픈 이들을 위하여 기도하기 시작하는 게 더 낫겠다고 결정하였다. 나한테는 그것이 더 이상 해도 되고 안 해도 되는 선택의 문제가 아니었다. 만일 내가 기도로 아픈 이들을 도울 수가 있는데도 그렇게 하지 않는다면, 나는 이런 질책을 들을 위험이 있다:

> 여기 이 사람들 가운데서 지극히 보잘것없는 사람 한 명에게 하지 않은 것이 곧 내게 하지 않은 것이다(마태복음 25장 45절).

아주 재미있는 사실을 볼 수 있다. 곧 대부분의 신학자들은 치유기도를 연구하는 데 주저주저하는 것 같은 데 반하여, 의학 전문가들은 치유기도에 대하여 생생한 관심을 가지고 갑자기 그것을 부각시키고 있다는 점이다. 예컨대, 래리 도세이 박사는 이렇게 묻는다:

> "우리, 이러다가, 기도를 무시하는 의사들이 의료 사고에 대하여 유죄 선고를 받는 자리까지 이르게 되는 것은 아닌가?"

기도는 의학적이고 과학적인 쟁점이다. 오늘 중보기도의 효과를 조사하는 연구논문만 해도 130여 가지가 넘고, 그 가운데 절반 이상이 기도가 중요한 효과를 지니고 있다는 통계학적인 증거를 내보인다. 게다가 250여 가지 이상의 연구논문들에서는, 기도를 포함한 종교적 실천들이, 대체적으로 건강을 증진시킨다고 밝히고 있다.[1]

우리는 실로 오랜 길을 걸어왔다! 지금 우리가 어느 정도까지 왔느냐하면, 의사들이 기도의 효과적인 처방을 내리지 않아서 의료 사고를 냈을 경우, 소송 이야기까지도 꺼낼 수 있는 시대에 살고 있다. 그렇다면, 치유를 위하여 기도하지 않는 성직자들에 대해서는 과연 뭐라 말할 수 있겠는가?

다른 한편으로, 만일 당신이 치유기도를 직접 체험하지 못했거나, 그런 체험을 한 친구와 대화해 본 경험이 없다면, 하나님이 아픈 사람들을 치유하시려 그들의 생애에 직접 개입하신다는 사실을 받아들인다는 게 어려울 수도 있다. 대학원을 졸업하고 신학으로 박사학위(Ph.D.)를 받기까지 10년이 걸렸는데, 그 과정에서 나는 이 사실을 너무나 쉽게 받아들이는 고지식한 사람들에 대하여 잘 알게 되었다. 또 유력한 신학적 분위기에 젖어 이 우주 안에 하나님이 '개입하시는가' 아니면 '끼어드시는가' 따위로 문제를 제기하는 사람들에 대해서도 잘 알게 되었다. 그러나 내가 직접 체험해 본 결과, 치유는 보통 사람들에게 하나님이 인간적인 공감의 영역을 뛰어넘어 '거기 밖에'(out there) 계시지 않고 '우리와 함께' 계신다는 것을 가장 뚜렷하게 보여주는 것이라고 결론짓게 되었다. 오늘을 살아가는 많은 그리스도인들은 "하나님은 스스로 돕는 자를 돕는다"는 원리에 따라 살아간다. 그래서 그런지 현재의 그리스도교 치유사역을 의료기술이 성취할 수 있는 한도 안에 철저히 제한시키려는 듯이 보인다. 그들이 생각하기에, '기도에 따른 치유'는 좀더 원시적인 시대에 통용되던 것이었다. 그러나 지금은 우리가 현실을 더 잘 이해하게 되었다. 암시의 힘이 통했던 과학 이전 사회에서 기도로 이루었다고 주장되곤 했던 것을 우리는 지금 의학을 통하여 성취할 수 있다.

내가 보기에는, 기도에 따른 치유에 반대하여 극구 의학만 고집할 필요가 전혀 없다(이 점에 대해서는 이 책 뒷부분에서 좀더 논의를 발전시킬 것이다). 사실, 몇몇 의사들은 지금 직접 의학과 기도를 통합하는 사역을 실천하고 있다. 래리 도세이 박사의 〈치유의 언어: 기도의 능력과 의학의 실천〉 *(Healing Words: The Power of Prayer and Practice of Medicine)*[2], 데일 매튜 박사의 〈신앙의 신비: 기도를 통한 치유의 능력과 그 증거〉 *(The Faith Factor: Proof of the Healing Power of Prayer)*[3] 같은 책들은 모두 의사들이 자신들의 전문직과 관련하여 기도의 능력에 대해서 새로운 관심을 표명하고 있음을 여실히 보여주는 본보기들이다. 매튜 박사의 〈신앙의 신비〉는 분명 그리스도교 서적이다. 그런데 거기서는 우리가 기도할 때 하나님께서 아픈 이들을 치유하신다는 사실을 보여주는 과학적 증거들을 내보이고 있다. 암시의 힘('플라시보 효과') 같은 인간적인 요소들은 이미 뛰어넘고 있다. 과학적인 세계가 기도 속에서 믿음에 눈을 뜨고 있는 반면에, 많은 그리스도교 신학자들은 여전히 의심의 눈초리만 보내고 있으니, 이것 너무 이상하지 않은가—그리고 정말 아이러니칼하지 않은가?

내가 만난 사람들 가운데 어떤 이들은 이렇게 말하면서 치유예식에 반대하는 경우도 보았다: "오늘 우리에게 요구되는 위대한 치유는 깨어진 관계들의 치유, 파괴된 사회의 치유, 그리고 제도적 부정과 전쟁의 위협 때문에 고통받고 있는 세상의 치유인데, 왜 하필 이런 때 우리가 개인들의 치유에 관하여 이야기해야 하는가?"

우리 사회의 광범위한 치유를 위해선, 확실히, 무엇이 필요한지에 대하여 그들의 관심사를 나눌 필요가 있다. 이렇듯 광범위한 쟁점들에 집중하는 그 활동가들은 치유예식을 장려하는 많은 그리스도인들이 정치적으로는 보수적이고 사회 부조리에 대해서는 무감각해 보인다고 믿는 경향이 있다. 나는 이것이 내 삶 속에서는 사실이 아니길 바란다. 비록 그렇다고 하더라도, 좀더 광범위한 사회적 치유의 필요와 개인적 치유의 필요 사이에 설정된 이런 식의 대립은 거짓이다. (나는 사회 활동을 하는 분들을 여러 명 알고 있다. 그러나 그들도 이가 아플 때는 치과의사를 찾아간다. 아픈 이보다 더한 문제가 있다고, 좀더 큰 지구적 차원의 문제들이 있다고, 치과의사를 찾아가지 않는 이들은 아무도 없다.) 부정부패에 대한 좀더 큰 쟁점들은 그 사회 속에 있는 개인들이 스스로 온전해질 때—정서적으로 치유되어 건강한 관계 속으로 들어가고, 그래서 편견이나 과거의 상처에 따른 행동을 표출하지 않게 될 때, 오히려 도움을 얻게 될 것이다.[4] 동시에 우리는 좀더 평화롭고 공의로운 사회를 만들기 위하여 함께 일할 필요도 있다. 그것은 이것 아니면 저것의 문제가 아니다. 오히려 함께 해야 할 문제이다.

    라틴 아메리카에 있는 그룹들과 이야기해 본 적이 있다. 그 경험을 통해서, 나는 우리가 우리 내면세계의 치유를 위하여 기도하는 것이 정의로운 사회를 만들기 위하여 그 어떤 일을 하는 것보다 더 많은 도움을 준다는 사실을 알게 되었다. 사회 정의 사역에 참여했던 내 친구들은 1960년대에 지녔던 그 많은 꿈들이 실패로 끝나는 것을 경험하고서, 단순한 구조적 변화보다 더 나은 무언가가 필요하다는 사실에 전적으로 동의하고 있다. 내 친구들은 억압당하는 사람들과 함께 그 누구보다도 오랫동안 일한 경험이 있다. 그런데 지금은 그 친구들이 내면세계의 치유를 위한 기도를 배우는 데 가장 열려 있음을 발견한다. 그들 자신이 그 기도의 적용 범위를 가장 폭넓게 내다보고 있다.

    다시 말하지만 이것은 이것 아니면 저것의 문제가 아니다. 우리는 '모든' 차원에서 치유를 위하여 일할 필요가 있다—가능한 한 모든 방법을 동원하여, 곧 정치적·경제적 방법과, '그리고' 기도를 통하여.

교회 안에는 서로간에 명백한 갈등을 조장하는 경향들이 수없이 많이 있다. 그런데 요즘 우리는 그런 갈등들 속에 어떤 새로운 가능성이 흥미진진하게 일어나고 있음을 보기 시작하고 있다. 곧 사회 정의를 추구하면서도, 동시에 기도와 내면세계에 대해서도 새로운 관심을 기울이고 있다. 이들을 함께 묶어 주는 공통점은 고통받는 인류 세계에 명확한 치유 효과를 일으킬 중보의 기도이다. 예를 들어, 콜롬비아의 보고타에서는 1973년 2월, 8개국에서 온 23명의 은사를 중시하는 지도자들이 대회를 열었다(연이어 1974년 대회는 약 250명의 지도자들로 늘어났고, 이 연례모임은 요즘도 계속해서 성장하고 있다). 그들이 동의했던 것 가운데는 다음과 같은 것들이 있다:

> (1) 이 지도자들은 라틴 아메리카에 대한 공통된 비전을 나누고 있다;
> (2) 그들은 사람들 가운데서 하나님을 향한 거대한 목마름을 발견하고 있다;
> (3) 그들은 이것이 지금 눈으로 볼 수 있도록 드러나는 성령의 능력을 동반하고 있다는 사실을 발견하고 있다.

우리가 논의한 것을 요약한 것 가운데 성령의 능력에 관한 부분을 조금 더 보고하면 다음과 같다:

> 방방곡곡에서 하나님의 비상한 능력이 드러나고 있으며, 특히 치유를 통하여 그분의 말씀이 확증되고 사람들이 하나가 된다는 보고들이 있다. 볼리비아의 산따 꾸르스에 있는 가난한 지역에서 사역하는 랄프 로가프스키(Ralph Rogawski)와 헬렌 레이크레프트(Helen

Raycraft) 같은 선교사들은 가장 가난한 지역에서 기도를 요청해 온 병자들의 약 80%가 치유되었다고 평가한다. 이 대회에 참석한 성직자들은 자기 자신들의 삶 속에서 기도의 능력을 재발견하고 있다고 보고했다. 몇몇 성직자들이 느끼기에는, 복음 메시지의 단순한 증거 속에 나타난 이 새로운 능력을 발견하기까지는, 그 사람들에게 그리스도교를 전하려 했던 자신들의 삶이 거듭 실패할 수밖에 없었다.

한 참석자는 이렇게 말하였다: "교회의 폭발적 성장, 그것이 내 눈앞의 현실이다. 우리는 그 동안 너무 신중했다; 이제 우리는 사람들 사이로 적극적으로 파고들어야 한다."

이 모든 공통의 전망 가운데 일치를 이루었던 것이 있다. 곧 성령께서 다음과 같은 세 가지 기본적인 일을 하시기 위하여 능력 가운데 움직이고 계신다는 것이었다:

(1) 성령 세례를 통하여 '각 개인' 이 예수 그리스도와 진정한 인격적 관계 속에 들어가도록 변화시키는 일;
(2) 관계들을 치유하고 '공동체를 세우는 일—특히 가족과 이웃 안에서;
(3) 불의와 억압의 관계들을 치유함으로써 '사회를 변화시키는 일.'

이렇듯 세 가지 영역으로 이루어진 변화와 해방 속에서 참석자들은, 다시금, 다음과 같은 확실한 공통 요소들을 발견하였다:

'각 개인' 의 변화 속에서,

1) 대부분의 참석자들은 '개인적 전환' 을 경험했다.
일반적으로, 전환은 순전히 인간적이고, 일시적이며, 정치적인 방법들만으로 정의로운 일들을 촉진시켜 나가고자 시도했던 것들로부터였다.

이러한 노력들은 어떤 경우에는 성공적이었고(로가프스키), 어떤 경우에는 실패하였다(탈라베라,[5] 우마나). 그러나 순전히 인간적 자원들만 사용하려고 애썼던 이런 해결책들이 부적절하다는 것을 모두가 감지하였다. 깨닫게 하시고 치유하시는 하나님의 능력이 똑같은 상황에 영향을 끼치기 시작하였을 때, 새로운 우선순위들이 떠올랐고 참된 공동체들이 형성되기 시작하였다.

2) '내면세계의 치유'는 이런 내면의 변화를 가져오는 주된 방법으로 보인다.

사회가 정의로워지려면 올바른 사람들이 있어야 한다. 그리고 사람들이 올바로 되려면 과거의 고통과 상처가 치유되어야 한다. 라틴 아메리카에는 이런 상처들이 널리 퍼져 있다. 사회 전반에 걸쳐 있는 억압와 부정, '공격성'(machismo), 그리고 파괴된 가정과 오랜 가난 때문에 생긴 상처들이다.

성직자들도 자기 자신들의 삶 속에 내면세계의 치유가 필요하다는 사실에 대하여—자신들도 종종 겪었던 실패와 외로움에 대하여 이야기했다.

내면세계의 치유가 미국보다 라틴 아메리카에 더 필요한지 안한지는 논쟁거리가 될 법하다; 분명해 보이는 것은 대회에 참석한 모든 이들이 라틴 아메리카 사람들을 다시 일으켜 세우는 데 가장 중요한 것으로서 내면세계의 치유가 필요하다는 것을 인정했다는 사실이다.

3) '육체의 치유'도 매우 중요해 보인다.

특히 '가난한' 이들, 거의 모두가 병들어 있고, 최소한의 의료혜택도 제대로 받을 길이 없는 사람들에게는 더더욱 그렇다. 고난에 대한 전통적인 설교는 늘 십자가의 인내를 강조해 왔다. 사람들은 이것을 통하여 거의 이교에 가까운 하나님 관점—비위를 맞춰드려야 할 진노의 신이라는 관점—을 갖게 되었다. 예수님이 몸소 행하셨던 그런 종류의 치유사역이 없이는, 사람들이 사랑의 하나님을 뵙기 힘들다. 산 후안 바띠스따 교구의 선교대회가 콜롬비아의 깔리에서 5일 동안 열린 적이 있다. 그런데 그 모임을 치유예식으로 시작하자, 청중이 곧바로 두 배로 불었다. 사람들은 복음에 대해서도 좀더 배우고 싶고, 함께 기도드리는 방법도 배우고 싶다는 강한 열망을 내비쳤다.

한편 치유사역과 관련하여, 참석자들은 다음과 같이 많은 우려를 나타내기도 하였다. 사람들의 마음속에 치유와 미신적인 요소가 한 데 결합되어 있기 때문이다:

(1) 기적을 파는 사람들과 사기꾼 치유자들 그리고 성자들의 유골숭배는 이러한 치유사역 전반에 오명을 뒤집어 씌웠다. 바로 2년 전 콜롬비아에서는 악명높은 사기극이 벌어졌다. 그것은 부모에게 착취당하던 한 소녀 치유자와 관련된 것이었다.

(2) 사람들 사이에서 자신들이 해야 할 몫—위생적인 환경을 만든다든가 의사의 치료를 받으러 간다든가—은 주도적으로 하지 않고, 하나님이 개입해 주시기만 멍하니 바라보는 숙명론적 경향이 증대될 수 있다. 선교사들은 사람들이 필요한 조치를 취하도록 격려하고, 기도를 숙명론적 의존의 한 도구로 사용하지 않도록 하는 데 많은 어려움을 겪었다.

(3) 사람들의 마음속에는 치유를 돌팔이 의사나, 마법사나, 그 밖의 여러 형태의 미신과 연관시키는 등 혼동을 빚고 있다.

(4) 기도, 성자들의 유골숭배, 치유와 성물, 그리고 내세적인 태도를

강조해 온 오래된 교회의 경건에 대하여 일반적인 반작용이 있었다. 그 때문에 사람들을 그들이 살고 있는 현실 세계의 불의에 대항하여 행동을 취하도록 이끄는 데 실패하였다.

그러나, 실제적으로 라틴 아메리카에서 치유사역을 하고 있는 성직자들은 이 문제들이 현실보다 훨씬 더 이론적인 것이라고 보고한다—곧 그것들은 성직자들의 발상에서 나온 반대이지, 일단 공동체 안에서 치유기도에 대한 개념을 진정 그리스도교적으로 이해하는 사람들 사이에서는 발견되지 않는다는 것이다.[6]

간단히 말해서, 광범위한 사회적 치유와 개인적 치유의 필요성 사이에서 제기되는 몇몇 반대들은 잘못된 것이다. 그것은 이것 아니면 저것이 아니라, 둘 다 고려해야 할 상황이다.

기도를 정의 사역에 연결시키는 것이 유익하다는 것을 점점 더 발견해 가고 있다. 그 전형적인 예가 이 편지이다(1973년 10월 24일자). 이것은 그 당시 볼리비아의 가장 가난한 슬럼가에서 사역하고 있던 두 선교사, 랄프 로가프스키와 헬렌 레이크레프트에게서 온 것이다:

아시다시피, 지난 7년 동안 우리는 볼리비아, 산따 꾸르스의 소외된 지역에서 일했습니다.[7] 우리는 사회정의 문제의 중심에는 사람들 자신의 마음의 변화, 곧 올바른 사람이 '되어' 새로운 패턴과 가치를 창조해 갈 수 있는 전환이 필요하다는 것을 알았습니다.

그런데 이것은 예수 그리스도에 대한 개인적인 재발견을 통해서 일어나야 했습니다. 따라서 우리는 사람들이 예수 그리스도의 이름 안에서 함께 일할 수 있는 방법들을 모색하였습니다. 이웃 사이에, 심지어 길거리에서라도, 어떤 종류의 그리스도교 공동체가 필요했습니다.

1972년 12월에, 우리는 무언가 다른 것을 시도해 보았습니다. 은사갱신운동 안에서 배우고 경험했던 것을 살려, 우리는 이웃들에게 나아갔습니다. 그리고 흥미있어 하는 일단의 사람들에게 예수 그리스도에 대하여 설교하기 시작하였습니다. 그것은 단순한 프로그램이었습니다. 얼마 동안 설교한 뒤, 사람들이 자발적으로 기도하도록 이끌었습니다. 우리는 좀더 많은 것을 발견하였습니다. 사람들은 예수 그리스도에 대하여 마음문이 상당히 열려 있었습니다. 신약성경도 기꺼이 읽기 시작하였습니다. 시간이 흐르면서, 깊은 변화가 그들 삶 속에서 일어났습니다. 그들은 만나서 정기적으로 기도하기 시작하였습니다. 그리고 그리스도교 공동체의 씨앗이 송알송알 움트기 시작하였습니다. 더구나, 어떤 이들은 자발적으로 우리와 동행하여 다른 이웃들에게 말씀을 전하고 싶어 하였습니다. 이런 경험은 산따 꾸르스 안에서 여러 번 반복되었습니다. 그리고 그 결과도 비슷비슷하였습니다.

　따라서, 내 생각에는 우리가 이렇게 생각해 볼 수도 있다고 본다. 곧 치유(healing)와 현대 영성(spirituality)의 열망 사이에는 참된 일치가 있을 수 있다고. 신학은 그리스도교 공동체가 겪은 경험의 빛 안에서 그리스도교 계시를 성찰해 보는 것이다. 예수님의 치유에 대한 가장 단순하고 가장 복잡하지 않은 설명은 그것들이 기록된 대로 일어났다는 사실이다. 내 자신이 최근에 경험한 것도, 다른 수많은 그리스도인들이 경험한 것과 같이, 그 설명을 뒷받침해 주고 있다. 지난 30년 동안, 내 생각에 나는 기도를 통하여 수천 건의 치유가 일어나는 것을 보았다고 확실히 말할 수 있다.
　이렇듯 개인적으로 일어난 치유들은 대부분 증명하기가 모호하다; 그 치유들은 다양한 방법으로 설명이 가능하다. 왜 그런 치유가 일어났는지 그 요인들을 다 안다고 말할 수 있는 사람이 누가 있겠는가? "기도했더니 이 암이 호전되었다. 그 결과는 순전히 기도 때문이다"라고 자신 있게 말할 수 있는 사람이 누가 있겠는가? 하지만 나는 분명히 믿는다. 누구라도 나와 함께 이 대회 저 대회 와 보면, 또는 우리가 우리의 작은 센터에서 아픈 이들을 위하여 기도할 때 나와 함께 서 있으면, 매우 많은 이들이 놀랍게도 치유되는 것을 눈으로 목격하게 될 것이다. 육체적으로 드러난 이 놀라운 증거들은 모두 비상한 능력이 현존한다는 사실을 가리키고 있다. 여러분도 이 사실을 깨닫게 될 것이다. 벌어지고 있는 수많은 치유들이 우연의 차원을 훨씬 더 넘어서고 있는 것으로 보인다.

과학이나 의학계에서는, 우리가 기도를 통하여 치유되는 것을 보고 있다고 말하면, 꼭 증거를 대라고 요구한다. 단 하나의, 개별적인 치유는, 자신들의 규약에 따라, 증거를 제시하지 않는다; 그것은 단순히 '자발적인 호전'이었을 수도 있다. 그 동안 의학계에서는 놀랄 만한 발전이 있었다. 곧 과학이 요구하는 그런 식의 연구—통제 집단을 위하여 기도도 해주고 비교도 되는 아픈 사람들 전 집단—가 지금 생기기 시작하고 있다. 또 우리는 이런 체험들 몇 가지에 참여할 수 있는 특권을 누려 왔다(우리는 이것을 나중에 '의학과 치유' 부분에서 좀더 다루게 될 것이다).

그러나 지금은 기도를 통한 하나님의 치유에 대하여 몇 가지 이야기를 나누고 싶다. 그런 이야기들은 너무나 특별한 것이어서, 단순히 인간적인 차원에서는 무어라 그 원인을 설명할 수 없는 것들이다. 우리들 가운데 어떤 이들에게는, 그런 치유를 개인적으로 체험해 보아야만 우리 기도에 기꺼이 응답하시는 하나님의 실재를 확신할 수 있는 경우도 있다.

나는 개인적으로 대부분의 그리스도인들이 치유기도의 가능성을 논의하는 데 매우 열려 있음을 발견한다. 많은 이들은 스스로 아픈 이를 위하여 기도를 시작해야겠노라 용기를 내고 있다. 그들은, 번갈아, 자기 자신들의 목회를 눈에 보이게 갱신하는 것에 대하여 고무적인 이야기를 상기시킨다.

우리는 목사나 사제들 사이에서 이런 식의 경험을 점점 더 보기 시작하고 있다. 그런 경험들이 고 존 힐리 경이 쓴 〈부르클린 타블릿〉(Brooklyn Tablet)의 한 칼럼에서 다음과 같이 전형적으로 드러난다. 그는 삶이 변화된 이후, 인생 말년에는 우리 팀과 함께 여행하면서, 일본이나 오스트레일리아나 나이지리아 같은 먼 오지까지 나아가 특강을 하였다:

……영성수련 기간 동안에 특별히 강조되고 설명되고 표명되었던 한 가지 목회적 은사는 치유의 은사였습니다.

의심할 나위 없이 각 날의 가장 흥미 있는 사건은 저녁에 베풀어진 성만찬 예전이었습니다. 감동적인 설교가 모든 면에서 분명한 인식과 기쁨 속에 전달되었습니다. 치유의 내적인 은사들이 발생하였습니다. 성령께서는 내가 이전에는 알지 못했던 깊은 평화와 기쁨을 베풀어 주셨습니다. 지금도 그렇습니다.

마지막 성만찬 예식에서는, 수많은 성직자들이 동료 성직자들의 손을 씻기며 섬김으로써 자신들의 육체적인 병을 치유해 달라고 그리스도께 내놓았습니다. 내 자신의 경우에, 당시 나는 음식을 삼키는 데 심각한 어려움을 겪고 있었습니다. 식도에 이상이 생겼는지, 하여튼 그 일로 지난 몇 년 동안 먹는 음식마다 자꾸 토하곤 하였습니다. 그런데 이번에 치유를 받은 것입니다. 예배를 드리고 난 직후, 이런 어려움이 말끔히 사라져 버렸습니다. 다시는 재발되지 않았습니다.

그리스도의 영이 분명 우리와 함께 하십니다. 할렐루야![8]

우리가 기도할 때마다 이런 식의 치유가 연거푸 일어나는 것을 보면서, 나는 더 이상 그리스도의 사역 가운데 일어났던 일들보다 더 위대한 것들을 믿는 데 그 어떤 어려움도 느끼지 않게 되었다. 주님은 우리가 그분보다 더 큰 일을 하게 될 것이라고 말씀하셨다(요한복음 14장 12절). 나는 만일 내가 지금의 나 자신보다 더욱 더 합당한 하나님의 치유의 도구만 될 수 있다면, 좀더 많은 치유들이 나의 사역 안에서 일어나게 되는 것을 보게 되리라 생각한다. 비록 그렇지 못하다 하더라도, 이미 여는 말에서 언급했듯이, 우리가 육체적 질병의 치유를 위하여 기도해 주었던 이들의 절반 이상이 치유되거나 눈에 띄게 상태가 좋아지는 것을 보고 있다고 평가할 수 있다.

나에게서 치유를 위한 기도를 배우는 데 가장 힘겨웠던 싸움은 단순히 하나님께서 육체적인 필요를 위한 나의 기도들을 인간적이고도 육체적인 방법으로 응답해 주시리라는 것을 받아들이는 것이었다. 지금 나는 하나님께서 그렇게 하고 계신다는 것을 확신하고 있다. 하나님은 우리를 인간으로 다루시지 결코 영으로 다루시지 않는다.

하나님이 육체의 연약함을 치유하시는 것에 대한 가장 감동적인 간증들 가운데 하나는 어떤 의사와 그의 환자가 내게 알려온 것이다. 환자는 루이지애나 주 메테리에 사는 캐더린 고울드. 그녀는 내면적·감정적 치유를 위하여 기도를 요청했으며 방광 탈장(bladder hernia)을 포함하여 여러 가지 내과적 질병 치료를 위하여 기도를 요청했었다. 그 뒤, 그녀는 이런 편지를 보내 왔다:

> 1972년 5월 4일,
> 존경하는 프랜시스 박사님,
>
> 아드모어 영성수련 때, 저는 너무나 들어올려지는 것을 경험해서 그러한 육체적(내면적) 느낌이 제 자신의 상상에 따라 부분적으로 들

어올려지고 있다고 의문을 품었습니다. 하지만, 우리가 기도하는 시간에 저는 치유가 일어났다는 것을 믿게 되었습니다.

기억하시겠지만, 저희는 제 담당의사의 믿음이 자라나기를 아울러 기도했었지요(그분의 편지도 동봉합니다). 저는 그분이 검사를 마친 뒤 얼굴이 어떻게 변했는지를 뭐라 표현해야 할지 모르겠습니다. 그는 팔을 들고서 말하기를, "예수님, 감사합니다!"라고 했습니다. 저의 골반 부위 모든 기관들이 제자리를 찾았고 회복되었기 때문입니다. 그의 말에 따르면, 이러한 일은 큰 수술 없이는 도저히 일어날 수 없다고 합니다.

내면세계의 치유를 위하여 기도드린 뒤, 저는 예수님을 새롭고, 더 깊이, 그리고 친밀하게 알아가는 것에 사로잡혔습니다. 육체적인 치유는 정말이지 부수적인 것이 되었습니다. 수술에 대한 두려움이 사라졌습니다. 아프다는 것조차 잊었습니다. 저는 그것이 그분의 기적을 본 것보다 훨씬 더 감사합니다.

이렇게 친밀하고 개인적인 방법으로 저희를 사랑해 주시며 저희를 위하여 그분 자신의 표적과 기사를 보여 주시는 예수님이시야말로 얼마나 귀한 분인지요!

평안을 빌며,
캐더린 고울드

그녀의 편지와 함께 그녀의 담당의사가 쓴 편지—그것도 루이지애나 주, 매태리에서 온 것—도 있었다:

1972년 5월 3일
프랜시스 박사님,

제가 이 편지를 쓰는 것은, 우리 주 예수 그리스도의 영광스럽고도 놀라운 능력과 치유의 은혜를 증거하기 위해서입니다. 캐더린 고울드 여사는 산부인과 의사인 제가 보기에는 의학적으로 오로지 수술을 받아야만 교정이 가능한 방광 탈장 증세였습니다. 그녀가 영성수련에 참석하겠다고 말했을 때, 나는 치유를 위한 기도를 받으러 가는 것이리라 짐작은 했습니다. 그리고 오늘 아침 그녀가 내 사무실에 왔는데, 완전히 치유되어 있었습니다. 방광 탈장이라는 그 어떠한 증거도 찾아볼 수 없었습니다. 이처럼 우리 주님의 놀라운 은총은 제 마음과 제 영혼을 기쁨으로 가득 차게 합니다.

그리스도 안에서,
산부인과 의사, 제임스 A. 씨즈 박사

캐더린 고울드의 치유경험과 그 밖에 셀 수 없을 정도로 많은 예는 그러한 표적들이 믿는 이들과 연관될 것이라는 나의 확신을 강화시켜 주었다. 그 가운데 하나는 아래의 말씀에도 나타난다:

그들이 아픈 사람들에게 손을 얹으면 나을 것이다(마가복음 16장 18절).

치유는 과연 일어나는가? 여러분도 보다시피, 나는 그것이 일어난다고 믿는다. 그러나 나는 사도 요한이 이 모든 일이 일어나도록 하시는 그분에 대하여 썼을 때 틀림없이 경험했을 기이한 일들 가운데 지극히 자그마한 부분만을 느끼고 있을 뿐이다:

이 생명의 말씀은 태초부터 계신 것이요,
우리가 들은 것이요,
우리가 눈으로 본 것이요,
우리가 지켜본 것이요,
우리가 손으로 만져본 것입니다.
이 생명이 나타나셨습니다.
우리는 그것을 보았습니다.
그래서 우리는 이 영원한 생명을
여러분에게 증언하고 선포합니다.

이 영원한 생명은 아버지와 함께 계셨는데,
우리에게 나타나셨습니다
(요한일서 1장 1-2절).

2
치유에 대한 우리의 편견

1973년에 라틴 아메리카의 콜롬비아에서 선교 대회를 연 적이 있다 (앞장에서 언급한 것처럼). 거기서 선교사들은 라틴 아메리카 교회의 갱신은 치유사역의 부흥을 통하여 일어나게 될 것이라는 데 동의하였다. 여기에 참석한 대표들은 오랫동안 사회 정의를 위하여 적극적으로 일해 온 성직자들이었다. 그 가운데 한 명은 랄프 로가프스키였다. 그는 어느 날 밤 자신의 조그만 집에서 총탄 세례를 받았는데 살아남은 사람이었다. 이들은 베테랑 선교사들이었다. 그러나 이들은 현실과 동떨어진 이상주의자는 아니었다. 오히려 그들은 기도 안에서 내면세계의 문제와 육체적인 질병으로부터 사람들을 해방시키는 능력을 발견하였다. 이것은 그들이 전에는 결코 알지 못했던 것이다.

이 주목할 만한 모임에서 모든 선교사들이 똑같은 현상을 보고했다. 그리스도께서 이천 년 전 일하셨던 것과 똑같이 사람들 가운데서 다시 한 번 일하고 계시며, 병들고 상처받은 이들에게 치유를 행하고 계시다는 것이다. 한 선교사는 자신이 일하고 있는 볼리비아의 한 지역 안에서 가난한 사람들을 위하여 기도한 결과, 거의 80%의 사람들이 치유되었거나 눈에 띄게 호전되었다고 보고하였다. 그 모임이 생긴 지는 오래되었다. 그러나 이런 식의 보고에도 불구하고, 많은 교회들은 여전히 완강하게 저항을 하고 있다. 그러한 치유가 일어날 수 있다고 믿는 데 어려움을 느끼고 있다. 교단 전통을 떠나서, 모든 선교사들이 한결같이 하는 말은, 제3세계에서 치유나 귀신축출은 흔해빠진 일이요 필수적인 일이라는 것이다. 캘리포니아에 있는 풀러신학대학원으로 돌아온 선교사들 이야기도 매한가지다. 많은 교수들이 이 사실을 알게 되었다(특히 피터 와그너 박사와 찰스 크래프트 박사). 그러나 전반적으로, 선교사들은 교수들이나 자신들의 출신 교회들이 보내 오는 의심의 눈초리 때문에 괴로워하고 있다.

복음서는 치유 이야기들로 풍성하다; 그런데 왜 오늘 그리스도를 따르는 그 많은 사람들이 치유가 지금도 일어날 수 있다는 사실을 믿기 어려워하는 것일까? 참으로 역설적이라 하지 않을 수 없다. 많은 교회 지도자들이 설교를 통하여 교인들에게 믿음이 없다고 신랄하게 비판을 해대지만, 정작 자신들은 자기 양떼들의 질병과 상처들을 치유하기 위하여 역사하시는 그리스도의 능력에 대해 강한 믿음, 살아 있는 믿음이 없으니……. 예를 들어, 나는 〈성 루이스의 속달편지〉(St. Louis Post-Dispatch)라는 잡지 안에서 이런 기사를 본 적이 있다. 그 제목은 '종교교육 기관들이 예수님이 해답이라는 가르침을 거부하고 있다' 였다. 만일 내가 한 약물 중독자에게 그리스도가 구원자라는 믿음을 갖도록 격려하려면, 그리스도께서 우리가 함께 드리는 기도에 응답하셔서 실제적으로 그를 억압하고 있는 사슬로부터 해방시켜 줄 것이라는 사실을 믿지 않고서 어떻게 그리 할 수 있겠는가? 나는 치유사역이야말로 구속과 구원의 중심 교리를 추상적인 영역으로부터 우리 삶의 실제적인 영역으로 끌어올리는 것이라고 믿는다.

1. 치유의 장애물

교회가 잃어버린 것 가운데 최대의 손실은 치유의 능력에 대한 풍성한 유산이다. 이 유산에 대한 불신앙으로 교회는 고통을 겪고 있다. 이러한 손실, 이러한 불신앙은, 내가 믿기로는, 치유에 반대하는 다섯 가지 기본적인 편견 때문에 생겨났다. 그 편견들은 수세기에 걸쳐 조금씩 자라왔다. 내가 알고 있는 많은 그리스도인들의 태도에서 이 모든 것들을 다양한 모습으로 직접 직면하고 볼 수 있었다.

1) "우리는 '신앙의 치유' 와는 무관하고 싶어요."

내가 사람들에게 치유를 위하여 기도하라고 격려할 때 보통 만나게 되는 첫 번째 장애물이 있다. 그것은 그들이 치유사역과 신앙의 치유자(faith healer)를 판에 박은 듯이 연결시키는 것이다. 그들은 치유를 위하여 인수해 본 경험이 전혀 없다. 그래서 그런지 그들의 생각은 실제 자신들이 보아 왔던 사람들에 따라 고정된다. 곧 소리치는 부흥사, 광적으로 흥분된 듯한 사람들, 그런 것을 보여주는 텔레비전 프로그램. 엘머 갠트리(Elmer Gantry) 같이 사리사욕을 채우는 전도자, 그들과 함께 팔을 높이 쳐들고 마치 넋나간 듯한 눈빛으로 울부짖는 사람들, 그런 사진이 실린 신문기사. 이런 경험들은 아주 생생하다. 아픈 이들 사이를 걸어다니시면서 그들을 만지시고 치유하시는 예수님에 관한 인상을 우리 속에서 지워버리기에 충분할 정도로. '신앙의 치유자'에 대한 대중의 이미지는 우리의 상상을 뛰어넘을 정도로 완고하다. 그래서 주요 교단에 속해 있는 그리스도인들은 어떠한 상황에서도 치유는 안 된다고 생각하게 되었다. 이는 마치 전형적인 '오순절주의자'를 보며 다른 많은 그리스도인들이 성령의 세례에 대하여 거부감을 가짐으로

써, 그것을 받아들일 수 없게 된 것과 비슷하다.[1]

내 기억으로, 1987년에, 우리가 처음으로 플로리다 잭슨빌에 갔을 때다. 그 당시 남 플로리다 성공회 주교였던 프랭크 썰비니가 우리 크리스천치유사역연구원에 기꺼이 기부할 뜻이 있는 한 저명한 재단을 나에게 소개해 준 적이 있다. 그 이사들 가운데 한 명이 힐끔 쳐다보며 이렇게 묻는 게 아닌가: "당신이 '신앙의 치유자'요, 그 ○○○ 같은?" 여러분이 나라면 그런 질문에 어떻게 대답하겠는가? 게다가, 나는 그가 질문 속에 들어 있는 그 '신앙의 치유자'를 알고 있었다. 나는 그의 스타일이 좀 화려하긴 하지만, 훌륭하고 존경할 만한 사람이라고 믿는다.

심지어 미국 동남부에 근본주의 신자들이 많이 사는 곳(Bible Belt)에서조차도, 신앙의 치유자들은 부정적인 대접을 받고 있다: 남 캐롤라이나 시골에 있는 한 병원에서 환자들을 대상으로 한 가지 연구를 한 적이 있다. 그런데 그 연구에서 환자의 58%가 "신앙의 치유자들은 꽥꽥 대며 지껄이는 사람들이다"는 말에 동의를 하였다. 그리고 교육을 더 받은 사람들일수록 의심도 더 많았다.[2]

다음과 같은 질문을 제기할 수 있다: '그리스도는 신앙의 치유자이셨는가?' 우리가 복음서를 읽다보면, 특히 마가복음에, 그리스도의 치유사역에 대하여 언급이 계속되는 것을 보고 놀라지 않을 수 없다. 마가복음의 처음 여덟 장 가운데 거의 절반 가량이 예수님이 아픈 이들을 치유하시는 이야기로 가득 차 있다:

> 그분이 많은 사람을 고쳐 주셨으므로, 온갖 병으로 고통받는 사람들이 누구나 그에게 손을 대려고 밀려들었기 때문이다(마가복음 3장 10절).

실제 이런 장면은 어떤 것이었을까? 우리가 주님을 일종의 '신앙의 치유자'라고 분류하면, 우리 주님의 품위를 떨어뜨리는 것일까? 우리의 고상함이 손상이라도 당하는 것일까? 만일 그분이 신앙의 치유자가 아니라면, 우리는 무슨 말로 그분을 묘사해야 한단 말인가?

우리가 적절한—예를 들어, "치유사역자"(minister of healing) 같은—단어를 찾아내든 못 찾아내든 간에, 중요한 점은 그리스도교와 각 교회에 깃들어 있는 풍부한 치유의 전통을 회복시켜야 한다는 것이다. 이제는 저 뒷산 언덕에 혀를 낼름거리고 있는 뱀을 집어도 해를 받지 않을 거라는 식의 광신자 집단 때문에 치유사역을 깔본다는 것은 생뚱맞은 말이다. 몇몇 돌팔이 의사들의 잘못된 행동 때문에 이 시대 모든 의사들의 의료행위 전체를 비난할 수는 없지 않은가! 어쨌든 잘못은 그 사역자에게 있거나 그러한 사역이 행해지는 방식에 있는 것이지, 치유사역 자체에 있는 것은 아니다.

2) "내 병은 하나님이 보내주신 십자가이지요."

신유에 대한 생각을 밑둥부터 싹 잘라 버리는 기본적인 태도는 하나님 자신이 우리에게 질병을 주신다는 확신이다. 이러한 관점에서는 치유를 위하여 간구한다는 것이 하나님의 뜻을 거스르는 것이다. 그분이 주신 십자가를 거부하는 것이다. 설사 고통에서 건져달라고 간구하는 것이 허용된다 할지라도, 이러한 관점에서는 아픈 이가 자신의 고난을 받아들이고 참아내는 것이 훨씬 더 좋은 것이 된다. 이러한 인내야말로 훨씬 더 영웅적이다. 훨씬 더 그리스도를 닮는 것이다. 어떤 이들은 "만일 당신이 성자가 되려면, 당신은 고난과 질병을 기대해야만 한다."고까지 주장한다.

이렇듯 십자가와 고난의 유익에 대하여 부당할 정도로 강조를 하다 보니, 많은 주류 교회 그리스도인들에게서 치유에 대한 믿음과 열망이 광범위하게 제거되어 버렸다.[3] 확실히 그것은 고난의 주제를 선포하는 데에도 영향을 미쳤다. 설교자들은 너무도 자주 질병을 '악' (evil)의 나라로부터 온 저주의 일부라고 보기보다는 '하나님의 징벌적 사랑' (God's chastising love)의 결과라고 내보인다. 어떤 고난은 구속적 가치가 있음을 가리키는 성경 구절들이 있다(특히 사도 바울의 '육체의 가시' 구절). 그러나 전통적인 그리스도교 가르침에서는 대부분의 질병은 단지 '원죄' (original sin)의 결과일 뿐이다.

질병에 대한 우리의 태도는—하나님께 그것을 제거해 달라고 간구하든지, 아니면 그분의 뜻으로 받아들이든지 간에—앞으로 다음 장에서 다루어야 할 핵심적인 문제다. 확실히, 만일 하나님께서 나의 사랑을 시험해 보시기 위하여 나에게 질병을 보내셨다고 내가 믿는다면, 나는 그것을 제거해 달라고 기도하지 않을 것이다. 오히려, 나는 내 십자가를 껴안고, 고통이 경감되는 것도 거부할 것이다. 하지만, 복음서 어디에도 그리스도가 아픈 이들에게 자신들의 질병을 지고 살라고 격려한 것을 찾아볼 수가 없다. 반대로, 그분은 가시는 곳마다 질병은 곧 멸망받을 사단의 나라의 징후로 다루셨다.

3) "기적을 행하기 위해서는 성자가 되어야 하는데, 나는 결코 그런 성자가 못 됩니다."

이와 같은 태도는 특히 가톨릭 교인들에게서 두드러지는 것 같아 보인다. 전통적으로, 가톨릭 교인들은 늘 기적을 믿어왔다. 그러나 이러한 치유를 일차적으로 아픈 이를 위하여 일어나는 것으로 보지 않았다. 다른 어떤 진리의 표징이라고 보았다. 예를 들어, 치유가 어떤 특별한 개인의 기도를 통하여 일어날 경우, 그것은 그(또는 그녀)가 특별히 거룩하다는 표징이었다. 만일 수많은 치유가 일어난다면, 그것은 그 사람이 성자로 추앙되어야 할 사람임을 나타내는 표징이 될 것이다. 결과적으로, 보통 사람이 평범한 기적적인 치유를 위하여 기도하는 것은 정말이지 주제넘는 교만의 표징이 되고 말 것이다.

여러분도 내가 이 책의 들어가는 말에서 언급한 이야기를 기억하겠지만, 내가 성직자의 길에 들어선 지 겨우 한 달밖에 안 되었을 때, 개혁교회를 섬기던 한 친구가 캘리포니아 오클랜드의 성 앨버트대학으로 나를 찾아온 적이 있다. 그는 태어날 때부터 반소경인 자기 아들의 치유를 위하여 집에 가서 기도해 달라고 요청하였다. 그때 나는 한편으로는 당황하면서도 도전을 느꼈다. 나는 복음서에 있는 이 구절을 잘 알고 있었다:

> 믿는 사람들에게는 이런 표징이 따를 터인데……아픈 사람들에게 손을 얹으면 나을 것이다(마가복음 16장 17-18절).

하지만 신학대학원에서 받은 훈련이나 경험을 되돌아볼 때 아픈 이를 위하여 어떻게 기도해 주어야 하는지 준비된 게 아무 것도 없었다. 성자들의 삶에 관한 이야기를 읽으면서, 나는 치유의 가능성을 확실히 믿고는 있었다. 그러나 성자들만 그런 일을 할 수 있다고 믿었다. 그리고 나는 전혀 성자가 아니었다. 그 상황에서 내가 무엇을 할 수 있었을까? 나는 내심 내 연약한 기도가 도움이 될 거라고 믿지도 않으면서 내 친구의 희망을 북돋는 것은 옳지 않다고 생각하였다. 나는 곤혹스러웠다: 나는 내 기도가 그의 아들의 소경된 것을 치유할 수 있으리라고는 생각하지 않았다; 다른 한편으로는, 기도에 대한 그의 어린아이 같은 확신을 약화시키고 싶지도 않았다. 나는 내가 할 수 있는 가장 자비로운 일은 그의 집에 가서 그의 아들을 위하여 기도해 주는 것을 거절하는 것이라고 마음먹었다. 내가 할 수 있는 최선의 일은 다른 두 성직자의 전화번호를 그에게 주는 것이었다. 내가 생각하기에 그들은 거룩한 성직자들이었다. 만일 내가 요청한다면 정말 기꺼이 가서 기도해 줄 것이라고 생각되었다. 그러나 나는 그가 실망하는 것을 보았다. 그리고 나는 알았다. 그가 자신이 잘 알지 못하는 다른 성직자들에게는 전화를 하지 않으리라는 것을; 요컨대, 나는 그의 친구였다. 하지만 그 당시 내가 할 수 있는 최선의 방법은 그것밖에 없었다.

그로부터 40년, 내 평범함은 전혀 변하지 않았다―나는 성자가 아니다. 확실히 그 위대한 성자들 축에는 낄 수 없는 사람이다. 그러나 아픈 이를 위하여 기도하는 것에 대한 내 태도는 변했다. 나 자신의 무가치함에 대한 공포는 이제 더 이상 내가 친구 차를 타고 그의 아들 눈을 뜨게 하기 위하여 기도하러 가는 것을 막지 못했다. 내가 충분히 깨닫지 못했던 것은 하나님의 풍성하신 선함이었다. 하나님은 나 같은 보통 사람들을 사용해서라도 아픈 이들을 치유하시고자 강력히 바라고 계신다. 그분은 앗시시의 성 프랜시스―우리와는 체험세계가 너무 달라 거의 비현실적이고 신화적인 인물로 보이는―와 같은 비범한 인물에게 자신을 제한하지 않으신다.

마가복음의 마지막 결론부에 기록되어 있는 그리스도의 말씀은 참으로 고무적이다:

'믿는 사람들'(believers)에게는 이런 표징이 따를 것이다(마가복음 16장 17절).

여기서 주님은 '성자들(saints)에게는'이라고 하지 않으시고 평범하게 '믿는 사람들에게는'이라고 말씀하셨다. 치유와 관련하여 내 개인적인 문제는 진정 거짓된 겸손이었다. 겸손이라는 미명 아래, 우리는 자신도 모르는 사이에 우리 삶 속에서 그리스도께서 주러 오신 바로 그 생명과 능력을 빼앗겨 버렸다. 머리를 조아리며 "주님, 나는 아무 쓸모 없는 존재입니다."라고 말하면서, 우리는 스스로 아픈 친구들과 함께 기도하는 기쁨을 부인해 버렸다.

4) "더 이상 표적과 기사는 필요 없어요; 우리에겐 믿음이 있잖아요."

치유에 대한 두드러진 또 하나의 다른 태도가 있다. 기적이란 교회를 세우는 데나 필요했다는 주장이다. 그러나 지금은 사람들이 믿기로, 더 이상의 표적이나 증거가 필요없다는 것이다. 이러한 태도는 다음과 같은 교리에 대하여 지나치게 강조한 결과물이다. 곧 아픈 이가 치유되는 것은, 일차적으로 하나님께서 자비로우셔서 깨어진 인간성을 치유하고자 하시기 때문이 아니라, 그분께서 무언가를 입증하고 싶어하시기 때문이라는 것이다. 이제 그분은 그 목적을 이루셨기에, 우리가 좀 더 완전해지려면 외적인 표적들 없이 그저 순수한 신앙만 가지고 믿어야 한다는 것이다. 원시 사람들에게는 그럴싸한 무언가가 필요했겠지만, 오늘 성숙한 교회에서는 더 이상 그런 종류의 유인책까지 써 가면서 믿게 할 필요는 없다는 것이다. 어떤 그리스도교 집단들에서는 심지어 이런 견해('세대주의,' dispensationalism)를 교리로까지 만들었다. 기적의 시대는 지나갔다고 그들은 단언한다; 이런 식이라면 요즈음 보고되는 기적이란 기적은 다 사기가 되는 것이다. 전통적 배경을 지닌 대부분의 가톨릭 신자들은 기적에 대하여 개방적이다. 그러나 그것들을 더 높은 진리의 표적으로 보려는 경향이 있다. 자기 자신을 위한 것으로는 추구하지 않으려 한다.

치유는, 참으로, 더 높은 실재의 표적이다. 그리고 믿음은 표적과 기사들에 의존해서는 안 된다. 하지만 아픈 이를 치유하는 것은 그 자체로 추구되어야 할 그 무엇이다. 확실히, 우리는 아픈 이들이 단지 더 좋아지고 싶어서 의사에게 가고 싶어 하는 것을 나무라지 않는다. 치유의 핵심이 단지 인간들의 지성을 위한 증거에 불과한 것일까, 아니면 아픈 이들에게 다가가시는 하나님의 자비일까? (여기에 대해서는 제4장에서 좀 더 다루기로 한다).

5) "기적은 일어나는 게 아닙니다. 실재를 표현하는 원시적인 방법일 뿐이지요."

앞서 언급한 네 가지 장애물이 아픈 이의 치유를 위하여 기도하는 데 심각하긴 하지만, 그것들은 하나님께서 치유의 능력을 가지고 직접적으로 역사하실 수 있다는 그 가능성 자체에 대해서는 아직 타격을 가하지 않는다. 그러나 최근 어떤 신학적 경향을 보면 이런 가능성조차 부인한다. 현대 성서학이 엄청나게 발전하면서, 몇몇 저자들은 복음서 안에 있는 모든 것들을 순전히 자연적이고 세속적인 관점에서만 보려는 경향이 있다. 이렇듯 과장된 비신화화(demythologizing)—또는 성경을 이야기로 취급하거나 그 모든 것을 자연적인 설명으로 감소시키려 드는 행위—는 역사와 우리 개인의 삶 속에서 직접적으로 활동하시는 한 하나님의 가능성에 대하여 의문을 제기한다. 그것은 의학이나 다른 인간적 방법이 아니라면 그 어떤 방법을 통하여 치유하더라도 다 부정해 버리곤 한다. 그 자신이 성경학자는 아니지만, 인기있는 영성 저자인 루이스 에블리(Louis Evely)는 다음과 같이 주장함으로 이러한 태도를 반영하고 있다:

> 기적이란 단지 과학적 설명이 불가능했던 이전 시대의 잔유물이다. 현실 세계 안에 끊임없이 존재하지만, 점점 붕괴되어 가는 상아탑 안에서나 주장되는 하나의 시대착오다.[4]

일단 그리스도 자신이 정말로 자연적인 힘을 뛰어넘는 어떤 능력을 소유하셨는지에 대하여 우리가 의문을 갖기 시작하면, 분명히 우리는 우리 자신의 기도가 어떻게 오늘 '기적'을 일으키는 게 가능한지에 대해서도 의심하지 않을 수 없다. 그러한 생각은 자연적이고 인식할 수 있는 과정 외에도 치유가 일어날 수 있다는 그 사상 자체를 파괴시킨다. 그리고 신유(divine healing)를 원시 종교의 영역으로 격하시킨다. 여러 번, 나는 내가 목격한 치유들을 묘사하였다. 그러나 나한테는 이러한 치유들이 심리적인 암시의 결과라고 해명하며 요리조리 빠져나가려는 말만 들려올 뿐이었다. 나는 잘도 속아 넘어가서는 안 된다는 것을 깨닫고 있다. 분명, 어떤 치유들은 자연적인 원인을 통하여 설명될 수 있다. 그러나 내가 말하고 있는 것은, 그 모든 것을 자연적인 원인으로 돌리려는 태도에 대해서다. 그러한 토론을 할 때 시작부터 그들이 도전해 오는 편견 섞인 말들에는 다음과 같은 것들이 포함되어 있다:

나는 자연 속에 '간섭해 들어오셔서'(intervenes) 자기 좋을 대로만 해버리시는 예측할 수 없는 하나님은 믿지 않는다.

나는 이방인들이 믿는 신과 같이 '우리 삶 속에 갑자기 뛰어드는, 저 밖에 계시는 하나님'(God out there, who zaps in)은 더 이상 믿지 않는다.

이러한 언급들 속에는 치유를 믿는 이들은 하늘에 계시는 일종의 원시적인 하나님을 믿고 있다는 사실이 함축되어 있다. 내 자신의 경험으로 보아, 하나님의 치유하시는 사랑을 체험한 사람은 우리 안에 계시는 (within) 하나님, 내재하시는(immanent) 하나님, 곧 창조 안에서 그리고 창조를 통하여 역사하시는 하나님의 현존을 감지하게 된다. 나는 그분을 멀리 계시는 상상 속의 하나님이 아니라, 전보다 더 가까이 계시는 하나님으로 감지하고 있다. 하나님은 우리 삶 속에서 여러 가지 방법으로 활동하신다. 그분은 오직 자연을 통해서만 활동하신다고 말함으로써 그분의 능력을 제한하는 것은, 그분을 진짜 멀리 떨어져 계시는 비인격적인 분으로 보게 만드는 것이다. 요컨대, 하나님은 치유하시지 않는다고 주장하는 것은 그분을 "저 밖으로" 몰아내는 것이다. 그분을 비인격적인 세력으로 전락시킴으로써, 어떤 동정적인 인간들보다도 덜 포용적인 분으로 만드는 것이다.

복음서들은 예수님께서 제자들을 전도하라고 내보내실 때, 아픈 이들을 치유하고 이렇게 말하라고 지시하셨다고 주장한다:

> 하나님의 나라가 가까이 왔다(누가복음 9장과 10장 참조).

치유가 일어날 때 내가 보는 반응도 이와 똑같다: 그리스도께서 더 가까이 계시는 것 같다고; 그분의 나라가 가까이 왔다고—지금.

그럼에도 불구하고, 많은 그리스도인들은 치유가 기도에 대한 응답으로 일어나는 것을 결코 본 적이 없다. 그래서, 자연적으로, 그들은 치유를 자신들의 영성으로부터 배제시킨다. 이렇듯 사람들이 기도의 능력에 대하여 확신이 없기 때문에 하나님께서 과연 어떤 능력을 갖고 계신가 하고 의아해 하는 것도 그리 놀랄 일은 아니다:

> 만일 그분이 정말 능력이 있으시다면, 왜 그분은 그것을 사용하지 않으시는가? 그분은 진정 우리를 돌보고 계시는가? 만일 그분에게 어떤 능력도 없고, 단지 인간적인 과정의 일부로만 존재하신다면, 우리는 과연 그분이 존재하신다고 확신할 수 있는가?

2. 곡식 안에 있는 가라지

이 시점에서, 나는 농부가 잠자는 동안 밭에 가라지를 뿌리러 왔던 원수의 비유를 떠올리게 된다. 시적인 상상력을 사용하여, 나는 그 농부가 교회 안에 있는 어떤 지도자들을 대표한다고 생각해 본다; 곡식은 그리스도가 포로된 이들을 자유케 하시고 아픈 이들을 치유하시러 오셨다는 기쁜 소식이다. 그런데 어느 밤중(중세 시대)에 원수가 와서 씨 사이에 가라지를 뿌려 전혀 곡식을 수확할 수 없게끔 망쳐 버렸다. 치유의 기쁜 소식 대신에, 꼬리에 꼬리를 무는 수많은 논쟁들은 이제 우리에게 고난을 받아들이는 쪽으로 돌아가라고 손짓한다: 그것이야말로 '나쁜 소식'이다. 그러한 논쟁들은 대략 이런 식이다:

1) '하나님'과 관련하여

하나님은 보통 치유하기를 원치 않으신다. 고난과 질병은 대부분의 사람들을 향한 그분의 뜻이다; 그리스도인의 합당한 태도는 병을 완화시키기 위하여 기도하는 것이 아니라, 그것을 받아들이는 것(acceptance)이다. "하나님께서 이 십자가를 당신에게 보내셨다. 특별히 당신을 다듬고 계신다. 그것을 거절하지 말아라. 그것이 다음 세상에서 더 큰 영광으로 이끌어 줄 것이니……."

2) '여러분'과 관련하여

(1) 만일 하나님께서 어쩌다 아픈 이들을 치유하신다 해도, 그것은 여러분의 기도 때문이 아니다. 여러분은 충분히 선하지 못하기(not

good enough) 때문이다; 요컨대, 여러분은 거룩하지 못하다; 여러분은 결코 성자가 아니다.

(2) 만일 하나님께서 어쩌다 아픈 이들을 정말 치유하시는 것을 보게 된다 하더라도, 여러분은 그런 유형의 영성보다 더 나아야(superior) 한다:

① 지나치게 감정을 부추기려고 하지 말아라. 대중의 마음속에 신앙의 치유자들(faith healers)을 떠올리게 하는 부흥사 같은 종교와 연관 지으려고도 하지 말아라. 여러분의 접근은 그것보다는 더 순수하고 더 지성적이어야 한다.

② 여러분에게는 믿기 위한 표적과 기사(signs and wonders)가 필요 없다. 여러분의 신앙은 그런 류의 증거에 의존하지 않는다. 그런 것은 영성적으로 덜 발달된 사람에게나 필요할 것이다.

③ 여러분은 치유하는 것보다 고난을 더 잘 받아들일 수 있다. 만일 하나님께서 여러분에게 치유를 받을 것인지 아니면 고난을 받을 것인지 선택권을 주신다면, 여러분은 더 높은 길, 고난이라는 더 높은 길(higher way of suffering)을 선택함으로써 십자가의 왕도를 걸어갈 것이다.

3) 바로 그 '치유의 본질'과 관련하여

치유의 기적이란 단지 과학시대 이전의 잔재일 뿐이다. 이제는 실재에 대한 미신적인 관점일랑 잊어버리고 우리 앞에 놓여 있는 실제적인 사역에 정진할 때이다; 그리스도교는 현대 문명의 지성적이고 영성적인 발전 상태에 걸맞게, 그 자체의 '초자연적'(supernatural) 요소를 정화시킬 필요가 있다.

이렇듯 꼬리에 꼬리를 물고 오는 거짓된 논쟁은 복음의 태양을 가로

막는 잡초밭 같다; 그것들은 그리스도께서 가지고 오신 기쁜 소식을 모호하게 하거나 밑둥부터 싹 잘라버린다. 그럼에도 불구하고, 우리는 하나님께서 주시는 치유의 은사가 광범위하게 갱신되는 것을 보기 시작하고 있다. 사도 시대 이래로 교회 안에서는 보지 못했던 방법으로. 사랑하는 우리 하나님께서 그분에 대한 우리 신앙이 꺼져가는 것을 보시고 다시금 북돋아 주시려고 움직이고 계신다. 치유는 그리스도교의 언저리에 있는 것이 아니다; 그것은 중심에 있다. 만일 우리가 하나님의 적극적인 치유 능력을 부인한다면, 우리는 곧 우리를 위한 그분의 개인적인 사랑의 증거가 부족해 허덕일 것이다. 그리고 나서, 하나님이 우리를 정말 사랑하신다는 사실을 더 이상 보지 못할 때, 그분을 믿는 것과 믿지 않는 것 사이에 어떤 차이가 있는지 의문을 갖기 시작할 것이다.

그리고, 마지막으로는, 진짜 헷갈릴 것이다. 하나님이 실제로 존재하시는지 안 하시는지!

3
그리스도교의 기본 메시지:
예수님은 구원하신다

✝

'예수님은 구원하신다'(Jesus saves)는 말을 들을 때, 나는 시골 길 여기저기에 조잡하게 쓰여져 있는 광고판들을 생각한다. 또 "형제님, 구원받았습니까?"라고 묻던 길거리 전도자에게 붙들려 어쩔 줄 몰라 했던 불쾌한 사건도 기억한다. 그러나 이렇듯 썩 내키지 않은 경험들로 무감각해져 있다 해도, 나에게 중심적인 것, 아니 모든 그리스도인에게도 중심적인 것, 곧 '예수님은 정말 구원하신다'는 사실이 바뀔 수는 없다.

그것은 진정 무엇을 의미하는가? 그것이 어떻게 내 삶에 영향을 미칠까? '우리의 하늘 구세주,' '우리의 거룩한 구원자,' '세상 죄 지고 가는 하나님의 어린 양을 보라!' 같은 문구들은 죄다 그저그런 낯익은 단어들의 나열에 불과할 수 있다. 우리에게 감동을 주는 능력은 상실한 채. 그런 것들은 경건한 상투어는 될 수 있지만, 힘은 없다. 예수님이 나를 무엇으로부터 구원하신다는 말인가?

전통적인 용어로, 예수님은 우리를 개인적인 죄와 원죄로부터 구원하신다. 그 속에는 무지, 나약한 의지, 빗나간 감정, 육체적 질병, 죽음

등이 포함되어 있다.

이러한 자유 가운데 어떤 것은 우리의 육체적인 죽음 뒤에 벌어질 더욱 심오한 삶 속에서만 펼쳐지게 될 것이다. 그러나 벌써 그 과정은 시작되었다:

하나님 나라가 가까이 왔다.

예수님은 우리를 자유케 하고 계신다. 죄로부터, 무지로부터:

그분 곧 진리의 영이 오시면, 그분이 너희를 모든 진리 가운데로 인도하실 것이다.

예수님은 또 우리를 나약한 목표로부터, 빗나간 감정으로부터, 그리고 육체적 질병으로부터—그러므로, 우리 인간성을 파괴시키거나 격하시키는, 모든 질병으로부터—자유케 하고 계신다. 우리에게 새로운 삶(new life)을 주시기 위하여, 곧 성령의 능력을 통하여 성부와 사랑과 연합을 이루는 새로운 관계 속으로 들어가게 하시기 위하여. 예수님의 구원하시는 능력을 통하여 우리는 우리를 하나님과 새로운 삶 속으로 들어가지 못하도록 막는 저 모든 악의 요소들로부터 자유케 된다.

그러므로, 예수님께서는 다음과 같이 두 가지 기본적인 일을 하시기 위하여 오셨다:

(1) 새로운 삶, 곧 성부 성자와 함께, 성령을 통하여, 연합을 이루는 사랑의 관계를 맺어 주시기 위하여.
(2) 우리 삶 속에 있는 저 모든 질병의 요소들로부터 우리를 치유하고 자유케 하기(구원하기) 위하여. 우리 삶은 새로운 삶이 자유롭게

들어오도록 변화될 필요가 있다.

물론, 이것은 기쁜 소식에 대한 깜짝 놀랄 만한 메시지다. 위험은, 늘 그래 왔던 것처럼, 우리가 이것을 단지 교리로만, 믿어야 할 진리로만 남겨놓는다는 것이다. 우리는 어떻게 그리스도의 구원하시는 능력의 실재가 우리 존재의 바로 그 중심으로 뚫고 들어오게 되는지를 이해하지 못한다. 치유는 구원에 대한 그리스도교의 기본 메시지, 곧 예수님께서 우리를 개인적인 죄와 정서적이고 육체적인 질병으로부터 해방시키신다는 것을 의미하는 믿음을 단지 실천적으로 적용한 것일 뿐이다. 만일 예수님이 우리를 영성적으로뿐만 아니라 육체적으로도 치유하고자 하신다는 사실을 우리가 믿지 않는다면, 우리가 어떻게 그리스도교의 중심 사상—예수님이 우리의 구세주이시라는 사실—을 진정으로 믿을 수 있을지 나는 모르겠다. 그러나 예수님께서 여기 이 세상의 삶 속에 있는 이러한 악들로부터 우리들을 치유하시려 할까? 아니면 치유란 오로지 하나님께서 다음과 같이 행하실 미래의 삶 속에서나 가능한 것일까?

> 그들의 눈에서 모든 눈물을 닦아 주실 것이니, 다시는 죽음이 없고, 슬픔도 울부짖음도 고통도 없을 것이다 (요한계시록 21장 4절).

예수 그리스도의 해방과 치유와 구원의 메시지에 대하여 충분히 이해하려면 그분이 우리를 이 세상에서도(even in this life), 남자와 여자가 창조된 이래, 전통적으로 악— '원죄' 의 결과라고 간주된 질병과 빗나간 감정들로부터 자유케 하시려고 오셨는지를 깊이 탐구할 필요가 있다고 나는 믿는다.

치유에 관한 그리스도교적 관점을 이해하다 보면, 우리는 '예수님이 구원하신다' 는 말의 의미를 더 깊이 꿰뚫고 들어갈 수 있을 것이다. 그분의 사명—그리고 우리의 사명이 무슨 의미를 지니고 있는지도.

1. '예수' 라는 이름

히브리사람들은 새로 태어난 아이에게 이름을 지어주는 것에 큰 의미를 부여했다. 그 이름은 종종 가정 안에서 또는 하나님의 선택을 받은 백성들 안에서 그 아이가 해야 할 역할을 암시해 주었다. 예컨대, 예언자 이사야가 아들에게 지어준 이름은 '스알야숩(Shear-jashub),' 곧 '남은 자가 돌아올 것이다' 라는 뜻이었다. 바로 그 이름은 이스라엘 백성들이, 이사야 자신의 시대가 지난 뒤, 포로생활과 하나님의 징계로부터 돌아오게 될 것이라는 희망을 상징적으로 드러낸 것이었다. 나중에, 세례 요한은 하나님의 명령에 따라 이름이 붙여지게 되었다. 그것은 친척들이 좋아하는 이름과는 정반대였다. 그 이름은 이 아이의 운명이 평범하지 않을 것라는 표징이었다. 그는 자기 백성들이 메시야의 오심을 예비할 수 있도록 독특한 역할을 수행하기 위하여 태어나는 순간부터 특별히 선택되었다. 따라서 하나님이 우리 가운데 거하시기 위하여 오실 때, 그분께서 자신이 누구인지 그리고 자신의 사명이 무엇인지를 암시할 한 이름을 선택하셨다는 것은 전혀 이상한 일이 아니다. 누가복음은 수태고지(Annunciation) 이야기를 통하여 이것을 예증한다. 곧 천사 가브리엘이 마리아에게 나타나 이렇게 말하였다:

> 보아라, 그대가 잉태하여 아들을 낳을 터이니, 그의 이름을 예수라고 하여라(누가복음 1장 31절).

이제, '예수' (Jesus)라는 말, 또는 아람어로 '예슈아' (Jeshua)라는 말은 '야훼는 구원이시다!' (Yahweh is Salvation)라는 의미를 지닌다. 비록 그것이 그 당시에는 흔치 않은 이름이었이지만, 그 이름은 여기서 그분 자신이 어떤 사명을 지니고 태어나셨는지를 선포해 주었다. 메시야

(Messiah), 곧 '기름부음을 받으신 이'(anointed one) 또는 '그리스도'(the Christ)이신 그분께서는 '야훼는 구원이시다!'는 것을 말과 일로 나타내시려고 오신 것이다.

2. 그분의 사명

메시야의 시대는 치유(healing)와 해방(liberation)과 구원(salvation)의 시대가 될 것이다. 이것이 바로 예수님께서 자신의 사명을 품은 방법이다. 히브리사람들은 인간을 육체와 영혼으로 나누어 생각하지 않고, 전인(全人)으로 생각하였기 때문에, 자신들이 구원에 대하여 이야기 할 때는 단지 영혼을 구원하는 것(saving souls)만이 아니라 사람을 치유하는 것(healing persons)까지 생각하였다.

예수님—야훼는 구원이시다—께서는 설교하시기 시작하면서, 자신이 왜 오셨는지를 분명하게 밝히셨다. 누가는 예수님께서 바로 그 첫 번째 설교에서 자신의 치유적 사명을 어떻게 담대히 주장하셨는지를 이렇게 묘사한다:

> 예수님께서는 그 자라나신 곳 나사렛에 오셔서, 늘 하시던 대로 안식일에 회당에 들어가셨다. 그분은 성경을 읽으려고 일어서서 예언자 이사야의 두루마리를 건네 받아서, 그것을 펴시어, 이런 말씀이 있는 데를 찾으셨다:
>
> "주님의 영이 내게 내리셨다.
> 주님께서 내게 기름을 부으셔서,
> 가난한 사람에게

기쁜 소식을 전하게 하셨다.
주님께서 나를 보내셔서,
포로 된 사람들에게
해방을 선포하고,
눈먼 사람들에게 눈 뜸을 선포하고,
억눌린 사람들을 풀어 주고,
주님의 은혜의 해를
선포하게 하셨다."

예수님께서 두루마리를 말아서, 시중드는 사람에게 되돌려주시고, 앉으셨다. 회당에 있는 모든 사람의 눈은 예수님께로 쏠렸다. 예수님께서 그들에게 말씀하셨다: "이 성경 말씀이 너희가 듣는 가운데서 오늘 이루어졌다"(누가복음 4장 16-22절).

누가는 계속해서 그분의 말을 듣던 이들 가운데 몇몇이 그분의 가르침에 대해서가 아니라 그분이 자신의 고향에서는 사람들을 치유하지 않으신 것에 대하여 비판적이었다는 사실을 말하고 있다:

우리가 들은 대로 당신이 가버나움에서 했다는 모든 일을, 여기 당신의 고향에서도 해보시오(누가복음 4장 23절).

나중에 세례 요한이 자기 제자들을 보내어 예수님이 메시야이신지 아닌지 질문하게 했을 때, 예수님은 다시 '자신이 그리스도라는 표징'(sign that he was the Christ)으로 자신의 치유 사역을 가리키셨다:

그 사람들이 예수님께 와서 말하였다. "세례 요한이 우리를 선생님께로 보내어 '선생님이 오실 그분입니까? 그렇지 않으면, 우리가 다른 분을 기다려야 합니까?' 하고 물어 보라고 하였습니다." 그 때에 예수님께서는 질병과 고통과 악령으로 시달리는 사람을 많이 고쳐 주시고, 또 눈먼 많은 사람을 볼 수 있게 해주셨다. 예수님께서 그들에게 이렇게 대답하셨다. "너희가 보고 들은 것을, 가서 요한에게 알려라. 눈먼 사람이 다시 보고, 다리 저는 사람이 걷고, 나병환자가 깨끗해지고, 귀먹은 사람이 듣고, 죽은 사람이 살아나고, 가난한 사람이 복음을 듣는다. 나에게 걸려 넘어지지 않는 사람은 복이 있다 (누가복음 7장 20-23절).

우리는 또, 복음서를 최초로 기록한 것으로 보이는, 마가도 예수님의 사역에서 치유에 얽힌 이야기에 상당부분을 할애하고 있음을 주목한다. 예수님의 실제적인 가르침에 대해서는 그보다는 덜하다. 오늘 우리는 예수님의 기적들이 더 이상 단순히 그분의 신성을 '증거' 해 준다거나 그분의 가르침이 옳고 하나님으로부터 온 것임을 '보증' 해 주는 것이라고 보지 않는다; 오히려 우리는 그 기적들이 예수님의 삶과 일 속에 현존하시는 하나님의 바로 그 행동들임을 보고 있다. 예수님의 치유 행위들은 그 자체가 그분이 우리를 자유케 하려고 오셨다는 메시지였다(The healing acts of Jesus were themselves the message that he had come to set us free); 그것들은 그분의 메시지가 참되다는 것을 그저 입증해 주는 것은 것은 아니었다. 아주 기본적인 의미에서, 그분의 매개체가 그분의 메시지였다. 구원의 표징은 사람들이 실제로 구원을 받고, 자신들이 잃어버린 것들을 모두 되찾는 것이었다.

예수님 자신은 기적적인 것을 강조하지 않고 오히려 자신의 치유사역의 일상적인 측면을 강조하셨다. 그것을 분명하게 암시해 주는 것은 예수님께서 자신의 치유를 '기적'(miracles)이라고 부르시지 않고 '일'(works)이라고 부르신 사실에서 볼 수 있다. 말하자면, 그것들은 그분에게는 당연히 해야 할 정상적인 일이었다; 그것들은 그분의 사명 안에서 빠뜨릴 수 없는 부분이었다. 데이비드 스탠리(David Stanley)는 이렇게 설명한다:

> 예수님의 기적들이 복음서를 읽는 이들을 단순히 놀래킬 의도는 없었다. 이를 가장 확실히 암시하는 대목은 이러한 행동들을 지시하는 데 사용된 어휘에서 발견된다. 우리말로 '기적'(miracle)에 가까운 용례는 복음서 안에서 두 경우 내지 기껏해야 세 경우에 지나지 않는다……복음서 안에서 죽 강조되지 않고 있는 예수님의 치유활동의 한 측면이 있다면, 그것은 놀람만 일으키는 데 쓰여지는 그것들의 용도다. 공관복음서 안에서 그것들은 '능력의 행위들'(dynameis)이라는 말로 지칭된다. 이 용어는 그런 특징들이 하나님의 능력을 표명하는 것임을 강조한다. 따라서 그것들은 하나님 나라가 가까웠다는 예수님의 선포를 전달하는 매개체로서, 그분의 말씀과 함께, 적절하다. 그것들은 그저 현재 진행되고 있는 기쁜 소식으로만 내보여질 뿐이다.[1]

불행스럽게도, 우리에게 있는 신약성경 영어판들 가운데 대부분의 번역본들에서는 헬라어 '능력의 행위들'(acts of power)이라는 말을 '기적들'(miracles)이라고 번역한다. 그럼으로써 무언가 비범하거나 드문 것이라는 점을 암시한다. 어떤 의미에서 그것들은 물론 비범하다: 그것들은 보통 수준의 삶이 아니다; 그것들은 보통 수준의 창조된 인과관계를 뛰어넘어, 하나님의 능력이 미치는 수준으로까지 끌어올려진다. 그러나, 또다른 의미에서 이제 이러한 치유들이 정상적이라는 의미에서 살펴보면, 그것들은 평범하다. 비범한 것이 평범한 것이 된 것이다.

3. 제자들의 사명

우리 인간성—우리의 영혼, 정서, 그리고 육체—의 치유가 구원 메시지의 필수적인 부분이기에, 우리는 이제 왜 예수님이 자신의 제자들을 전도하라고 내보내실 때 그들에게 치유할 수 있는 능력을 주셨는지 이해할 수 있다. 이것은 특별한 열두 명 그룹과, 좀 더 크게는 일흔두 명 그룹 둘 다 그렇다:

> 예수님께서 그 열둘을 한 자리에 불러놓으시고, 모든 귀신을 제어하고 병을 고치는 능력과 권능을 주시고, 하나님 나라를 선포하며 병든 사람을 두 제자를 불러 모으사 모든 귀신을 제어하며 병을 고치는 능력과 권세를 주시고 하나님의 나라를 전파하며 앓는 자를 고치게 하려고 내어 보내시며(누가복음 9장 1-2절).

> 이 일이 있은 뒤에, 주님께서는 다른 일흔[두] 사람을 세우셔서, 친히 가려고 하시는 모든 고을과 모든 곳으로 둘씩 [둘씩] 앞서 보내시며……"어느 고을에 들어가든지, 사람들이 너희를 영접하거든, 너희에게 차려 주는 음식을 먹어라. 그리고 거기에 있는 병자들을 고쳐 주며 '하나님 나라가 너희에게 가까이 왔다' 하고 그들에게 말하여라"(누가복음 10장 1, 8-9절).

그분은 자기 자신이 선포했던 기쁜 소식에 대한 메시지를 제자들도 전했으면 하셨다. 그래서 이 일을 위하여 자신과 똑같은 능력을 그들에게도 주셨을 뿐이다. 그 메시지는 교리만이 아니었다; 인간이 처해 있는 비참한 상태로부터 우리의 아파하는 인간성을 해방시키는 바로 그 하나님의 능력을 포함하고 있었다. 그들은 주님이 전하셨던 것처럼 전하고 있었다: 예수님은 무리들을 환영하게 하셨다.

그리고 하나님 나라를 말씀해 주시고, 또 병 고침을 받아야 할 사람들은 고쳐 주셨다 (누가복음 9장 11절).

4. 초대교회

물론, 초대교회의 활동에 대하여 성령의 영감을 받아 기록된 이야기가 사도행전(The Acts of the apostles)이다. 이 책 제목이 이렇다고 해서 확실히 열두 사도들의 활동만 언급한 것은 아니다. 이 책이 본디 열두 제자보다도 바울의 활동에 대하여 훨씬 더 많이 말하고 있기 때문이다. 베드로는 예외지만. 이 책 제목이 의미하는 것은 대사도들(Apostles)이 아니라 평범한 사도들(apostles) — 집사들, 스데반과 빌립, 바나바, 실라 그리고 그 외에도 복음을 전하고 치유하라고 보냄을 받았던 초기의 모든 그리스도인들이다.

공관복음서들에서 보통 예수님의 치유를 기적이라고 말하기보다 '능력의 행위들'(acts of power)이라고 말한다는 것을 알고나면, 우리는 사도행전의 기본적인 주제를 좀 더 잘 이해할 수 있다. 곧 사도행전의 기본 주제는 초대교회, 초기 그리스도인들도 예수님과 똑같이 복음을 전하고 치유하고 귀신들을 내어쫓을 수 있는 능력을 지녔음을 보여주는 것이다. 교회는 역사 속에서 예수님의 구원하시는 능력을 이어받은 것이다. 예루살렘 교회(베드로)와 이방인 교회(바울)는 모두 예수님 자신이 행하셨던 것과 똑같이 설교하고 치유한다. 그것을 여전히 행하고 계시는 분이 바로 예수님이시기 때문이다. 이제 그분은 세상 끝날까지 자신의 증인이 될 수 있는 자신의 사도들 안에서—그리고 우리 안에서—몇 배로 더 강하게 역사하신다.

예수님께서 복음을 드러내실 때 설교와 치유 둘 다를 한 데 묶으셨듯이, 초기 사도들도 그러한 능력을 감소시키지 않은 채 전통을 이어갔다. 이러한 초기 그리스도인들이 박해를 받게 되었을 때, 그들이 어떻게 도와달라고 기도했는지 들어보라:

> 주님, 이제 그들의 위협을 내려다보시고, 주님의 종들이 참으로 담대하게 주님의 말씀을 말할 수 있게 해주십시오. 그리고 주님께서 능력의 손을 뻗치시어 병을 낫게 해주시고, 주님의 거룩한 종 예수님의 이름으로 표징과 놀라운 일들이 일어나게 해주십시오(사도행전 4장 29-30절).

그들이 말씀을 전하고(and) 치유하게 해달라고 기도하지 않고 병을 낫게 함으로써(by) 전하게 해달라고 기도한 것을 주목하라. 그들은 실제로 예수님이 하셨던 일들을 계속함으로써 구원의 메시지를 전했다. 구원은 일으키지 못한 채 하나님의 구원 교리만 전한다거나, 하나님의 능력으로 치유는 일으키지 못한 채 치유 교리만 전한다면, 그것은 공허한 말잔치일 뿐이다. 아마도 이것이 오늘 상당히 많은 설교들이 사람들에게 추상적이고 현실과 동떨어진 것으로 비춰지는 이유일 것이다.

사도행전을 죽 읽다보면, 우리는 예수님의 삶과 일 속에서 그분께 능력을 부어주셨던 바로 그 성령께서 교회의 사명 속에서도 끊임없이 일하고 계심을 깨닫게 된다. 본문을 깊이 읽다보면, 베드로와 바울의 일사에는 뚜렷한 유사성이 있음을 보게 된다(종종 강조되듯이, 갈등과 반대만 있었던 것은 아니다). 둘 다 예수님의 구원 사명을 계속해 나가는 그리스도교 공동체 대표들이다.

베드로의 행적	바울의 행적
베드로와 요한이 성전 미문에서 한 앉은뱅이를 치유한다(3:1 이하). "나사렛 예수 그리스도의 이름으로, 걸으라."	바울이 루스드라에서, 날 때부터 앉은뱅이 된 한 사람을 치유한다(14:8 이하). "네 발로 바로 일어서라."
베드로가 중풍병으로 상 위에 누운 지 팔 년된 애니아를 치유한다(9:32 이하).	바울이 열병과 이질로 누워 고생하던 보블리오의 부친을 치유한다(28:7 이하).
심지어 베드로의 그림자도 아픈 이를 치유한다(5:12 상반절 이하).	심지어 바울의 몸에 대었던 손수건이나 앞치마도 아픈 이를 치유한다(19:11 이하).
무리가 모여 와 치유를 받는다(5:16).	"섬에 있는 다른 병든 사람들이 와서 고침을 받았다"(28:9).
욥바에서 베드로가 죽은 여인 도르가를 되살린다(9:36 이하).	드로아에서 바울이 유두고라는 죽은 청년을 되살린다(20:7 이하).

사도들의 일상적인 기대가 자신들의 직접적인 기도 형태에서 드러난다: "걸으라," "일어서라," "일어나 네 잠자리를 정돈하라," "일어나라." 사도들은 예수님이 사용하셨고 교회가 성례전에서 사용하는 것과 똑같은 형태의 기도를 사용한다. 그것은 우리가 그것을 위하여 기도했기 때문에 무언가 일어날 것을 기대하는 기도다. 여기서, 치유는 희귀한 일이 아니라, 기도에 대한 일상적인 응답처럼 보인다. 우리는 치유가 사도 베드로나 바울을 통하여 일어났을 뿐만 아니라 빌립, 스데반, 그리고 다메섹의 아나니아를 통해서도 일어났음을 읽게 된다. 여기서 우리가 분명히 암시받을 수 있는 것은 치유와 해방이 교회 사명이라는 점이다. 결과적으로, 사도행전이라는 책 제목에 대한 더 나은 번역은 '그 사도들의 그 행적들'(the Acts of the Apostles)보다 단순하게 '사도들의 행적들'(Acts of Apostles)이라고 하는 게 좋을 것이다. 이 책에는 몇몇(some) 사도들의 몇몇(some) 두드러진 행적만 포함되어 있음을 가리키기 때문이다. 교회의 일은 아직 완성되지 않았다. 오히려 예수님—그리고 베드로, 바울, 바나바, 아가보, 아나니아, 빌립, 스데반—이 행했던 것과 똑같은 능력의 행위들을 전하고 행하는 현대판 사도들, 동시대 그리스인들과 함께 계속되고 있음을 의미한다.

5. '사도행전'으로부터 콘스탄틴의 회심까지

우리가 앞에서 장황하게 살펴보았듯이, 그리스도인들은 확실히 초기 300년 동안은, 복음 선포보다 치유와 귀신축출이 더 중심적인 일이라고 이해하였다. 예일대학교의 고전어 교수인 램지 맥멀런 박사(Dr. Ramsey MacMullen)에 따르면,[2] 이방인들이 그리스도교를 받아들인 이유는 주로 교리 때문이 아니라—오늘 우리는 그렇게 강조하고 있지만—

아주 단순하게도 능력과 만났기 때문이라는 것이다. 그 능력이란 이런 것이었다: "우리 하나님, 한 분이시요 참되신 하나님이 당신들의 신, 곧 당신들을 홀리는 귀신의 세력보다 더 강하오!" 램지 박사는 자신은 단지 역사에 대하여 쓰고 있을 뿐이라고 말한다; 자신은 그리스도교 변증론자가 아니라는 것이다; 자신은 사실을 진술하고 있을 뿐이라는 것이다.

그것이 상당부분 우리의 현대적인 감각을 거스를 수 있기에, 초대교회 안에서 종교에 대한 접근은 아주 단순하다. 예수님께서 자신의 기적으로 무리를 끌어들이시고 제자들을 둘씩 짝지어 내보시면서 치유하고 악한 영들을 쫓아내라고 하신 것처럼, 초기 그리스도인들도 치유와 귀신축출을 회심의 주요 도구로 강조하였다. 순교자 저스틴(Justin Martyr), 이레니우스(Irenaeus), 키프리안(Cyprian), 터툴리안(Tertullian) 같은 최초의 그리스도교 저자들은 이구동성으로 이 점을 말한다. 예컨대, 이레니우스는 다음과 같이 주장한다:

> 어떤 사람들은 논의의 여지가 없이(incontestably) 그리고 참으로(truly) 귀신을 쫓아낸다. 그 결과 바로 그 사람들이 종종 신자가 된다.[3]

켈수스(Celsus) 같이, 세련된 로마사람들은 그리스도인들을 경멸하였다. 그들의 방법이 노예들이나 '우둔한 여성들'에게 호소력이 있었기 때문이다. 교양이 풍부했던 로마사람들은 심지어 천한 장인들(artisans)이 말씀을 전하는 것을 보고 간담이 서늘해지기도 하였다.[4] 산헤드린처럼 그들도 베드로나 요한 같은 일자무식의 평신도들이 보여준 확신에 찬 행동을 보고 기겁을 하였다. 베드로나 요한은 성전 미문에 앉아 있는 앉은뱅이를 치유하기 위하여 기도를 드렸을 뿐인데.

그 당시에 보통 사람들은 초자연적인 것들이나 기적들을 당연한 것으로 받아들였다; 그것은 그들에게는 회심의 출발점이었다. "여러분이 아프거나 억눌려 있다면 예수 그리스도께 나아오십시오. 그분이 여러분을 자유케 하실 것입니다." 그리스도인들이 박해를 받은 수세기 동안에는, 회심이 단숨에 와장창 일어난 일은 전혀 없었다. 회심은 복음의 깃발을 내세운 대규모 십자군이 커다란 경기장을 한순간에 장악해 버리듯이 일어난 게 아니었다; 대신에 일상적인 회심은 다음과 같은 것이었다. 여러분이 이방 신을 섬기는데 병에 걸렸다고 상상해 보라. 한 그리스도교 친구가 여러분에게 다가와 치유받을 수 있다고 말한다; 여러분은 "좋아, 내 한번 시도해 보지."라고 말한다. 여러분의 친구가 한 장로를 방문한다. 거기서 그들은 빙 둘러모여 여러분을 위하여 기도드린다. 여러분은 치유받는다. 그리고 너무나 감동을 받은 나머지, 온 가족에게 세례를 받자고 요청한다.[5] 그리고 나서 가르침이 뒤따라 온다. 이러한 접근은 많은 이들의 마음에 든다. 하지만 지성인들은, 일부 소수이지만, 이러한 접근을 경멸한다. 아이들이나, 노예들이나, 여성들에게나 적합한 것이라고. 그리스도인들은 스스로 그리스도교의 폭발적인 성장을 귀신축출 탓으로 돌렸다.[6] 오늘과 비교해 볼 때 외견상 얼마나 놀라운 차이인가!

하버드(Harvard) 대학교의 하비 콕스 박사(Dr. Harvey Cox)는 다른 매혹적인 책, 〈하늘에서 내려온 불〉(Fire From Heaven)에서 초기에 많은 영향을 끼쳤던 자신의 책, 〈세속도시〉(The Secular City)에서 교회가 어디로 나아가고 있는지에 대하여 잘못된 결론에 다달았음을 이제 시인하고 있다; 그는 지금 오늘 그리스도교 성장에 가장 큰 생명력을 준 것은 해마다 4,000만 명씩 늘고 있는 오순절주의(Pentecostalim)라고 믿고 있다.[7] 처음 몇 세기 동안 그랬던 것처럼, 오순절주의는 주로 제3세계 가난한 이들과 교육을 덜 받은 이들 사이에서 성장하고 있다. 콕스는 다음과 같이 질문한다:

왜 장로교, 감리교, 그리고 성공회는 신자들을 잃어만 가는 걸까요—이십오 년만에 20퍼센트에서 40퍼센트까지……반면에 어떤 다른 교회들, 주로 오순절 교회들은, 왜 같은 기간 동안에 신자가 두 배나 세 배까지 늘었을까요?[8]

나는 그리스도인들이 이 책의 메시지를 통하여 우리가 무엇을 잃어버렸는지, 그리고 고난받는 세상에 예수님의 메시지를 전하기 위하여 우리가 무엇을 다시 붙잡아야 하는지를 이해할 수 있게 될 것이라고 믿는다!

6. 오늘, 구원을 베풀고자 하시는 예수님의 사명

그러므로, 결국, 치유가 교회를 튼실히 세우기 위한 특별한 은혜로서 초기 그리스도교 공동체에만 주어진 것이라는 견해를 우리가 고수하지 않는다면, 초대교회의 치유적 특징은 어떻든 우리 시대에도 끊임없이 일어나야 할 것이다. 우리 곁에는 여전히 아픈 이들이 있다. 우리는 여전히 온전케 될 필요가 있는 자리에 서 있다. 주일 아침에 회중석에 앉아 주변을 둘러보면 사방에서 깨어진 사람들을 본다. 종종 강단이나 제단을 섬기는 이들도 깨어진다. 교회가 사람들로 이루어진 이상, 우리에게는 아직도 이전보다 더 많은 치유가 필요하다.

의미있는 것은, 어거스틴은 자신의 초기 저작들 안에서 치유는 교회 안에서 치유가 끝났고 더 이상 필수적인 것도 아니라고 주장하였다는 사실이다. 그러나 자기 자신의 삶 속에서 겪었던 경험들을 통하여 마음이 변하게 되었다. 주목할 만한 사실은, 주교가 된 다음, 2년이라는 시간 안에 거의 70여 건의 입증된 기적들이 일어났다는 것이다. 427년, 죽기 바로 3년 전에, 어거스틴은 〈철회〉(Retractions)라는 책에서, 자신의 초기 저작 가운데 하나인 〈참 종교에 대하여〉(De Vera Religione)에서 기적의 시대는 지나갔다고 말했던 것을 취소하였다. 대신에 그는 자신이 본 기적적인 치유들을 묘사하였다. 그 기적들은 그의 마음을 변화시키기에 충분할 정도로 드라마틱한 것이었다.[9]

마가복음의 마지막 부분은[10] 그리스도의 치유적 사명에 동참하는 일이 모든 믿는 이들에게까지 확대되었음을 가리켜 준다:

> 너희는 온 세상에 나가서, 만민에게 복음을 전파하여라……믿는 사람들에게는 이런 표징들이 따를 터인데, 곧 그들은 내 이름으로 귀신을 쫓아내며, 새 방언으로 말하며, 손으로 뱀을 집어들며, 독약을 마실지라도 절대로 해를 입지 않으며, 아픈 사람들에게 손을 얹으면 나을 것이다(마가복음 16장 15-18절).

언젠가 교회의 은사적 차원들은 멈출 것이고, 그 주된 목적도 구조화된 요소들이 스스로의 힘으로 일을 수행할 수 있는 시점까지만 제도를 세워주는 것이라는 암시는 전혀 없다.

만일 그리스도인의 일이 그리스도께서 하신 것과 똑같은 사명을 수행하는 것이라면, 우리가 그런 사명의 핵심적인 요소들을 되찾는 것은 중요하다. 여기서 베드로가 예수님의 공적인 사역을 어떻게 간단명료하게 소개하고 있는지를 들여다보자:

> 여러분이 아시는 대로, 이 일은 요한의 세례 사역이 끝난 뒤에, 갈릴리에서 시작하여서, 온 유대 지방에서 이루어졌습니다. 하나님께서 나사렛 예수님께 성령과 능력을 부어 주셨습니다. 이 예수님은 두루 다니시면서 선한 일을 행하시고, 마귀에게 억눌린 사람들을 모두 고쳐 주셨습니다. 그것은 하나님께서 그와 함께 하셨기 때문입니다

(사도행전 10장 37-38절).

여기서는 예수님이 무엇을 말씀하셨는지(said)보다는 그분이 무엇을 행하셨는지(did)에 강조점이 주어진다; 그분이 행하신 것이 복음의 메시지였기 때문이다. 그분은 실제로 사람들을 치유하고 마귀로부터 자유케 하심으로 구원과 치유를 선포하셨다.

만일 여러분이, 아주 진솔하게, 그리스도의 삶 속에 충분히 빠져들어가 다음과 같이 진실하게 말할 수 있다면, 그것은 무슨 의미이겠는지 생각해 보라:

> 하나님께서 나에게 성령과 능력을 부어 주셨습니다. 나는 두루 다니면서 선한 일을 행하고, 마귀에게 억눌린 사람들을 모두 고쳐 주고 있습니다. 그것은 하나님께서 나와 함께 하시기 때문입니다.

그리고 만일 온 교회가 자신들이 왜 연합해야 하는지 정직하게 물어 오는 이들에게 대답을 해줄 수 있다면, 그것은 무슨 의미이겠는지 생각해 보라:

> 여러분이 보고 들은 것을, 가서 의심하는 사람들에게 알려 주십시오. 눈 먼 사람이 다시 보고, 다리 저는 사람이 걷고, 나병환자가 깨끗해지고, 귀 먹은 사람이 듣고, 죽은 사람이 살아나고, 가난한 사람이 복음을 듣는다고. 나에게 걸려 넘어지지 않는 사람은 복이 있다고(누가복음 7장 22절).

정통(orthodoxy)이냐 아니냐를 단지 교리(doctrine)만 가지고 시험할 수는 없다. 교리가 우리 삶 속에서 생생해지도록 능력으로 구체화되지 않는다면 불완전한 것으로 남기 때문이다:

> 내가 진정으로 진정으로 너희에게 말한다. 나를 믿는 사람은 내가 하는 일을 그도 할 것이요, 그보다 더 큰 일도 할 것이다. 그것은 내가 아버지께로 가기 때문이다(요한복음 14장 12절).

4
가장 온전한 것이 가장 거룩한 것이다

만일 예수님이 구원하시고 치유하시기 위하여 오셨다면, 그분이 구원하시고 치유하시는 것은 무슨 의미일까? 그분은 단지 영혼을 구원하시기 위해서만 오셨을까? 목사들은 앞으로도 오직 '영혼의 치유'(cure of souls—cura anmarum)만 연구해야 할까? 거룩한 의사(Divine Physician)께서는 오로지 우리 영혼에만 관심이 있으신 걸까?

이 시대를 살아가는 대부분의 신학자들과 설교자들은 영혼을 구원하고 죄 곧 영혼의 질병을 떠맡고자 하시는 그리스도의 갈망에 대하여 커다란 확신을 가지고 힘주어 말한다; 그러나 육체의 질병을 치유하고자 하시는 그리스도의 갈망에 대해서는 이에 상응할 만한 확신이 전혀 없었다. 사실, 정반대로, 질병은 종종 악으로 내보여지기보다는, 하나님께서 주고자 하시는 변장된 축복으로 내보여진다. 고난의 결과, 한 사람의 영혼에 주어지는 커다란 유익이기에.

그렇다면 우리는 기본적으로 질병을 어떻게 여겨야 할까? 하나님의 뜻은 대개 질병일까—아니면 건강일까? 만일 건강이라면, 하나님은 의학이나 건강 관리 같은 자연적인 자원을 뛰어넘는 능력으로 우리 육체를 치유하실까?

개인적으로, 나는 오늘 대부분의 그리스도인들이 치유에 대하여 지니고 있는 태도가 그리스도교보다는 이교적인 사고에 따라 더 많이 형성되어 있다고 믿는다—질병과 고난에 대한 대부분의 설교들이 교회를 세우신 분의 교리보다는 로마 금욕주의(Roman Stoicism)의 영향을 더 많이 반영하고 있다.

1. 질병에 대한 그리스도의 태도

나는 예수님께서 악을 만나실 때마다, 영성적이든 육체적이든, 그것을 적으로 다루셨다고 말하는 것은 정당하다고 생각한다. 아픈 사람이 믿음 안에서 나아올 때마다, 예수님은 그 사람을 치유하셨다. 그분은, 우리가 종종 그러듯이, 인간을 구원받고 치유받아야 할 영혼과, 다음 생에서 부활할 때까지 고난받고 치유받지 않은 채 남겨져야 할 육체로 나누지 않으셨다. 우리는 '영혼을 구원하는 것'(saving souls)에 대하여 말하는 이들이다. 그러나 신약성경 어디에도 그리스도께서 영혼을 구원하러 오셨다고 말하는 곳은 없다; 그분은 인간—육체와 영혼—을 구원하러 오셨다.

예수님은 영이 병들어 구원과 용서가 필요한 이들을 치유하셨다; 그분께서는 몸이 앉은뱅이요, 소경이요, 나병환자인 이들도 치유하셨다. 사실, 그분께서 어떻게 죄를 용서해 주셨는가보다 어떻게 육체적으로 아픈 이들을 치유해 주셨는가에 대한 이야기가 훨씬 더 많이 있다. 우리는, 중풍병자를 친구들이 떠매고 왔을 때(마태복음 9장 1절 이하), 예수님께서 어떻게 그의 죄를 용서해 주셨는지 기억하고 있다. 서기관들이 신성모독이라고 생각하자, 예수님은 이렇게 대답하셨다:

> "'네 죄가 용서받았다' 하고 말하는 것과 '일어나서 걸어가거라' 하고 말하는 것 가운데서, 어느 쪽이 더 말하기가 쉬우냐? 그러나 인자가 땅에서 죄를 용서하는 권세를 가지고 있음을 너희들이 알게 하겠다" — 예수님께서 중풍병 환자에게 말씀하셨다 — "일어나서, 네 침상을 거두어 가지고 집으로 가거라."

예수님께서 이 두 형태의 악에 대하여 행하셨던 권위는 똑같아 보인다. 그러나 우리에게는(for us) "당신의 죄는 용서를 받았습니다."와 "당신은 치유를 받았습니다."라는 말 가운데 어느 것이 더 쉬운가? 왜 우리는 "당신의 죄는 용서를 받았습니다."라는 말에 대해서는 그런 믿음을 가지면서, "당신은 치유를 받았습니다."라는 선언에 대해서는 그렇게도 믿음이 적을까?

신약성경을 대충이라도 한번 죽 읽다보면, 한 가지 확신이 가는 게 있다. 곧 예수님은 인간성을 들여다보실 때 전형적으로 히브리사람이셨다는 것이다: 그분은 사람들을 육체와 영혼으로 나누지 않으셨다. 그분은 사람들을 전인(whole persons)으로 보셨다. 그분은 사람들을 구원하시려고 오셨다. 꼭 영혼만은 아니셨다. 그분은 그들이 어떤 식으로 고난을 받든지 그 모든 고난을 다 도와주려고 오셨다. 몸의 질병은 그분이 멸망시키러 오신 사탄의 나라의 일부분이었다.

사도행전에서 우리가 보았듯이, 초대교회는 그리스도께서 행하신 것처럼 행하였다: 사도들은 복음을 선포하였고 아픈 이들을 치유하였다.

야고보서는 전통적으로 아픈 이들에게 기름을 바르는 것에 대한 성경적 근거로 사용된다. 그런데 야고보서는 죄의 용서와 육체의 치유 사이에서 왔다갔다 하고 있다. 확신이나 강조에 대하여 식별할 수 있는 변화가 전혀 없다:

> 여러분 가운데 병든 사람이 있습니까? 그런 사람은 교회의 장로들을 부르십시오. 그리고 그 장로들은 주님의 이름으로 그에게 기름을 바르고, 그를 위하여 기도하여 주십시오. 믿음으로 간절히 드리는 기도는 병든 사람을 낫게 할 것이니, 주님께서 그를 일으켜 주실 것입니다. 또 그가 죄를 지은 것이 있으면, 용서를 받을 것입니다. 그러므로 여러분은 서로 죄를 고백하고, 서로를 위하여 기도하십시오. 그러면 여러분은 낫게 될 것입니다. 의인이 간절히 비는 기도는 큰 효력을 냅니다. 엘리야는 우리와 같은 본성을 가진 사람이었지만, 비가 오지 않도록 해 달라고 간절히 기도하니, 삼 년 육 개월 동안이나 땅에 비가 내리지 않았으며, 다시 기도하니, 하늘이 비를 내리고, 땅은 그 열매를 맺었습니다(야고보서 5장 14-18절).[1]

야고보는 여기서 꼭 영성적인 필요만이 아닌 우리의 물질적인 필요—비 같은—를 위해서도 기꺼이 기도하라고 준비시키기 위하여 엘리야의 예를 들고 있는 것처럼 보인다. 야고보는 우리의 기도가 마음으로부터 우러나와야 한다고 강조한다; 분명코, 우리가 이러한 종류의 기도에 대하여 믿음이 없다면 그것은 아주 강하게 역사하지는 못할 것이다.

2. 후기 그리스도교 전통: 육체는 고난받아야 한다.

그리스도께서는 전인(全人)을 치유하신다는 단순한 복음적 관점에 무슨 일이 일어났는가? 교회의 초기 교부들로부터 역사적 발전을 추적해 볼 수 있다. 교부들은 치유에 대한 전적인 믿음(2세기, 순교자 저스틴이나 이레니우스)으로부터 육체의 고난이 영혼을 위해서는 더 바람직하다는 견해(5세기, 그레고리 대제)로 점점 바뀌었다.

예수님은 자신의 제자들에게 아픈 이들을 치유하고 악한 영들을 쫓아냄으로써 복음화하라고 직접 지시하셨다(마태복음 10장 1절 이하; 누가복음 9장 1절 이하; 누가복음 10장 1절 이하). 그리고 초대교회는 진심으로 똑같은 접근을 하였다. 전도도 기본적으로 똑같은 방법—예수님이 돌아가신 뒤 수백 년 동안 '표적과 기사' 사역—으로 계속하였다. 우리가 앞장에서 말했듯이, 예일대학교에서 고전어와 역사를 가르치는 램지 맥멀런 박사는 한 가지 주목할 만한 주장을 펼친다: 곧 초기 3세기 동안에 그리스도교가 엄청나게 성장할 수 있었던 것은 주로 치유와 귀신축출 때문이었다는 것이다![2] 그는 모든 증거들이 다음과 같은 두 가지 기본적인 사항들을 강조하는 아주 단순한 복음을 가리키고 있다고 말한다:

(1) 하나님의 나라와 사탄의 나라 사이에 전투가 벌어지고 있다.
(2) 하나님께서는 아픈 이들을 치유하고, 악한 영들을 쫓아내며, 새롭게 거룩한 생활을 하도록 축복함으로써, 사람들이 악을 이겨낼 수 있게 하시려고 예수 그리스도를 보내셨다.

대부분의 사람들은 일자무식이어서 위대한 그리스도교 저자들의 작품들을 읽지 못했다. 예컨대, 위대한 지성, 오리겐은 "합리적인 사고를 해보려고 열정적으로 애쓰는 사람들이 얼마나 극소수인지"를 개탄한다.[3] 오히려, 대부분의 회심은 일대일 접촉을 통하여 이루어졌다. 복음의 깃발을 내세운 거대한 십자군을 통해서가 아니었다. 결국, 그리스도

인들은 박해를 당하였다. 이방인들은 단순한 선택 앞에 놓여졌다:

> 유일하신 참 하나님과 그분의 아들 예수님을 영접하세요. 아니면 악에게 계속 억눌림을 당하세요. 여러분이 예배하는 신들은 결코 신들이 아닙니다. 그리스도께서 여러분을 자유케 하시고, 여러분을 치유하시고, 여러분에게 새로운 생명을 주시려고 오셨습니다.

오늘 많은 그리스도인들에게는 이상하게 보일지 모르지만, 회심의 주된 요인은 귀신축출(exorcism)―귀신들에게서 빠져나오는 것이었다! 초자연적인 것들에게 대한 믿음이 그 당시에는 받아들여졌다. 그리고 그리스도교는 이방 신들과 직접적인 갈등을 빚고 있는 것으로 내보여졌다. 마치 영적인 '총격전'(shoot-out)을 치르는 것처럼.

> 우리 하나님, 유일하신 참 하나님께서는 여러분의 신들이나 여러분을 짓누르고 있는 악의 세력들보다 더 강하십니다. 그리고 우리가 지금 당장 한방에 그 압도적인 힘을 증명해 보이겠습니다.

예를 들어, 놀라운 일들을 많이 행하였던 그레고리는 지금의 터키 북중부 지역으로 와서 귀신을 쫓아내기 시작하였다. 결과적으로, 그가 복음을 전했던 지역은―예전에는 그리스도인이 열일곱 명밖에 없었는데―그리스도인이 되지 않은 사람이 거의 없을 정도가 되어 버렸다. 그레고리 감독은 사람들을 가르치고 설교도 하였다. 그러나 회심은 그의 말 때문에 생겨난 게 아니었다; 오히려 치유와 귀신축출이라는 초자연적인 행위로부터 생겨났다.

한번은 그레고리는 여행 도중에 어느 날 밤을 한 이방 신전에서 보내게 되었다. 그곳에는 한 이방 사제가 있었는데, 그는 예배드리는 이들의 질문에 신탁을 줄 수 있도록 자신을 도와주는 한 귀신의 영매(medium)였다. 그러나 그레고리가 그곳에서 잠을 잔 뒤로는 그 귀신이 돌아오지를 않았다. 그래서 그 사제는 그 지역에서 첫 번째 회심자가 되었다. 그레고리는 자신의 하나님이 그 성전 관리인이 숭배했던 대상보다 더 강하시다는 것을 보여주었다.[4]

이것은 대부분의 선교사들이 오늘 취하고 있는 접근과는 다르다. 비록, 점점 더, 선교사들이 치유와 귀신축출이야말로 전도하는 데 탁월한 길임을 배워 가고 있을지라도. 예컨대, 아프리카에서는 수십만 명에 달하는 거대한 인파들이 치유 전도자를 표방하는 십자군 대열에 참석하고 있다.

그러나 주류 신학대학원들에서 치유나, 무엇보다도 먼저, 귀신축출을 다루는 교과목이 없다는 사실을 우리가 어떻게 이해할 수 있을까?

아직도 오늘 대부분의 사람들은 그리스도교가 시작된 그 당시 처음 몇 세기를 황금기로 본다. 그리고 콘스탄틴 황제를 회심시키고 교회가 세속 정치에 발을 들여놓게 되었을 때부터 영성적으로 심각하게 기우는 현상이 생겨났다고 판단한다.

초기 그리스도교의 주요 추진력, 곧 치유하고 귀신을 축출하는 일에 무슨 일이 일어났던 것일까? 아마도 콘스탄틴이 교회를 정치화한 것을 기점으로 사람들이 날이면 날마다 그 정치판에 푹 빠져버렸을 것이다. 뿐만 아니라, 치유기도에 대한 믿음도 퇴락해 버렸을 것이다. 그리스도의 치유사역에 대한 교회의 믿음을 약화시키기 위하여 저 수세기 동안 무슨 일이 일어났는가 하는 것은 복잡한 문제다; 그러나 확실히 주된 요인들 가운데 하나는 그리스도교 영성을 오염시킨 플라톤 철학, 스토아 철학, 마니교 사상이었다. 이러한 철학들은 초기 그리스도교 세계에 지배적이었다. 그것들은 우리 몸을 우리 영을 제한하고 우리의 영성적 성장을 가로막는 감옥으로 보려는 경향이 있었다. 사막 교부들(Desert

4. 가장 온전한 것이 가장 거룩한 것이다 • 85

Fathers)의 영향 아래, 엄한 금욕주의가 그리스도인의 완전에 이르는 본보기로 제시되었다: 곧 인간의 몸이란 신뢰할 수가 없어서 꼭 길들여지는 건 아니다; 그것은 다양한 고행과 참회를 통하여 죽음에 놓여져야만 (고행을 당해야만, mortified) 한다. 그래서 그리스도인은 영혼이 한계가 많은 육체로부터 벗어나 자유롭게 될 때를 학수고대한다.

'영적 전투'(spiritual combat) 모델은 몸을 치유받아야 할 필요가 있는 상처입은 도우미라고 보기보다는 벌을 가해서 굴복시켜야 할 적의 범주에 놓은 경향이 있다. 오늘 영성적 성장에 관한 책은 '인간이 되는 기술'(Art of Becoming Human)을 숙고하기에 알맞을 것 같다. 그리고 신학생의 방은 가장 좋은 입체 음향 기구들과 울긋불긋한 예술 작품들로 가득 채워져 있을 것이다; 그러나 내 자신이 신학대학원에서 훈련받던 때를 떠올려본다. 그 때만 해도 우리의 기숙사 생활은 아주 단순하였다. 여러 해 동안, 〈타임〉(Time) 지를 읽는 것조차도 금지되었었다. 거의 1,500년 동안, 전통적인 그리스도교 영성에서는 고행은 엄하게 하고 육체는 신뢰하지 말라고 강조해 왔다. 오래된 영화 〈수녀 이야기〉(The Nun's Story)를 재상영하는 것을 본 적이 있다. 검은 수녀복의 세계. '세속적인' 욕망 죽이기. 나는 새삼 시대가 많이 바뀌었음을 깨달았다. 이제 그 영화는 거의 비현실적인 것으로 보인다. 마치 다른 시대에서 온 것마냥.

하지만, 드러나지 않은 채, 그러한 옛 영성이 아직도 우리들에게 영향을 끼치고 있다. 그런 영성에 대하여 들어야 할 말이 많이 있다. 그리고 어떤 면에서는 우리가 무언가를 상실해 버렸는지도 모른다; 그러나 부분적으로, 그것은 몸에 대한 금욕주의적이고 비그리스도교적인 관점을 반영하였다. 그런 관점은 아직도 많은 사람들에게 상당히 많이 남아 있다. 언젠가 녹내장 때문에 시력을 상실해 가고 있던 나이 많은 부인을 위하여 기도를 해달라는 부탁을 받은 적이 있다. 그녀는 자신이 치유기도를 드리는 것에 대하여 죄책감을 느낀다고 말하였다. 어쩌면 하나님께서는 자신의 영혼이 그 마지막 관문을 통과하도록 준비시키시기 위하여 시력의 상실마저 참아내기를 바라실지도 모른다고 느꼈기 때문이다. (하지만, 그녀는 의사에게 도움을 얻으려고 애쓰는 것에 대해서는 전혀 거리낌이 없었다; 단지, 하나님과 나누는 직접적인 관계 속에서만, 기도 가운데서만, 자신이 소경이 되어야 할지도 모른다고 느꼈던 것이다.)

그녀는, 그리고 그녀와 비슷한 다른 많은 그리스도인들은, 우주에 대하여 기본적으로 이교적인 관점—자신들이 알지 못하는 플라톤 철학이나 스토아 철학이나 마니교 바탕에서 유래된 것—에 따라 영향을 받고 있다. 이런 것들 속에서는, 몸을 영의 방해물로, 아니면 적으로 본다. 내가 말한 그 부인은 자신이 읽은 성자들의 삶으로부터 자신의 사고를 형성하였다. 그녀가 들은 설교는 대부분 참회를 강조하거나 몸을 혹독하게 다루어야 한다고 강변하는 내용들이었던 것이다.

육체를 굴복시켜야 할 적으로 다루는 이런 식의 영성은 〈헨리 수소의 자서전〉*(Autobiography of Blessed Henry Suso, O.P.)* 에서 그 흥미로운 예를 볼 수 있다(이 글에서, 수소는 자신을 3인칭으로 언급한다):

> 십자가에 못 박히신 그리스도를 위한 참 사랑은 모방을 요구한다는 것을 알게 되자, 그는 육체를 학대함으로써 자신의 안일한 본성을 정복하기로 결심하였다. 그래야 영혼이 자유로워질 것이기 때문에. 이 목적을 위하여 그는 오랜 세월 동안 고행자가 입는 마모직(馬毛織) 셔츠를 입었고 피가 흐를 정도로 온몸을 쇠사슬로 꽉 묶었다.
>
> 그는 누군가를 시켜 자신에게 150개의 날카로운 놋못이 달린 꽉 조이는 거친 속옷을 입히도록 하였다. 그 못의 끝이 살과 직접 닿도록 하였다. 이것이 16년 동안 그가 밤에 잘 때 입은 셔츠였다.
>
> 더운 열기로 푹푹 찌는 여름밤에는 낮의 노동과 출혈 때문에 거의

죽을 지경이었다. 하지만 그는 안달하며 마치 날카로운 바늘에 찔린 벌레처럼 이리저리 잠들지 않으려고 뒤척였다. 벌레들 때문에 성가신 건 말로 다 할 수가 없었다……

겨울밤은 얼마나 길고 또 여름이 얼마나 무더운가. 그러나 그는 신경이 떨려 손과 팔이 고통을 받는데도 불구하고, 안락을 추구하고자 하는 육체적 욕망에 한치도 양보하지 않았다.

그는 이러한 고통이 조금이라도 경감되는 것을 피하기 위하여, 자신의 목을 혁대로 죄었다. 양손은 잠들 때도 움직일 수 없도록 묶어놓았다. 그가 얼마나 자신을 단단히 묶었던지, 만일 불이 났다면, 그는 마치 수갑을 채운 죄수처럼 속수무책이었으리라.

얼마 뒤, 이 기구를 벗어 버리고 가죽으로 된 장갑 속에 양손을 집어넣었다. 그것은 날카로운 쇠못이 박힌 것이었다. 이 새 기구는 자신이 벌레들의 괴롭힘으로부터 벗어나려고 안간힘을 쓸 때마다 자기 살을 찢어놓게 하기 위해서였다. 한두 번 그가 이러한 속박을 풀었을 때, 피가 흐르는 상처투성이 몸뚱아리는 마치 곰과 맞붙어 싸우다 나온 사람같아 보였다……

이런 식으로 고문을 가한 지 16년, 자신의 온 본성이 길들여지고 약화되었을 때, 한 천사가 성령강림주일에 그에게 나타났다. 그리고는 나지막한 목소리로 하나님은 이런 삶을 바라지 않으신다고 속삭였다. 그가 자신의 고행 기구들을 라인강 속에 집어넣은 데는 그리 많은 시간이 걸리지 않았다.[5]

확실히, 수소의 예는 극단적이다. 그가 살았던 시대가 아무리 14세기라 할지라도; 그러나 그의 기본적인 태도는 몇몇 성자들에게 전형적인 본보기가 되어왔다. 그것들은 아주 최근까지도 몇몇 그리스도교 전통에 강하게 영향을 미쳤다. 몇몇 성자들, '희생을 자초하는 영혼들'(victimsouls)은 그런 식의 참회를 자초함으로써 자신들의 몸을 고행시키라고 진짜로 영감을 받았는지도 모른다; 그러나 우리들 대부분에게는, 진실로 거룩한 사람은 삶을 즐길 수 있는 부분을 다 닫아버리고 그런 것들을 초월하여 고난을 택하였다는 막연한 느낌이 소박하게나마 남아 있다. 예컨대, 마더 테레사(Mother Teresa)가 영화를 볼 시간도 냈다고 생각하는가? 우리가 할 수 있는 최소한의 일은 스스로 택한 것이 아니라 하나님이 보내주신 그런 고난들을 일부러 피하려고 애쓰지 않는 것이었다. 질병은 일반적으로 우리가 영성적으로 성장할 수 있도록 도와주시기 위하여 하나님이 주시는 선물이라고 여겨졌다. 그런 경우에, 치유를 위하여 기도하는 것은 연약하다는 표징이요, 육체에게 양보하는 것으로 비쳐지곤 하였다. 결과적으로, 사람들은 하나님께서 치유를 간청하는 기도에 응답해 주시지 않을 것이라고 지레짐작해 버렸다.

몸에 대하여 이렇게 기본적으로 경멸하는 습성이 널리 퍼져있다. 아마도 그것은 인간적인 사랑이나 결혼의 육체적 아름다움에 대한 부정적인 태도에서 가장 분명하게 증명될 것이다. 이런 태도는 초대교회에 대한 대부분의 생각들에서도 두드러지게 나타나고 있고, 제2차 바티칸공의회가 열리기까지 로마 가톨릭 교회 안에서도 아주 널리 자리잡고 있었다. 이러한 관점에서는, 인간적인 사랑이나 그 육체적 측면들('욕정의 제거,' the relief of concupiscence)이 전적으로 자식들을 낳기 위한 부차적인 것이라고 여겨졌다. 그레고리 대제(Gregory the Great, 590년부터 640년까지 활동했던 교황)를 포함하여, 위대한 교회 교부들 가운데 몇 사람은 한걸음 더 나아가 결혼 그 자체 안에서 취해지는 어떤 육체적인 쾌락도 죄라고 생각하였다:

> 그레고리는 〈목회 규칙〉(Pastoral Rule)에서 '어떻게 결혼과 독신에 대하여 훈계할 것인가'를 가지고 한 장을 할애하였다. 결혼한 사람

들은 오직 자녀를 생산하기 위해서만 관계를 가져야 했다. 여기까지는 그저 어거스틴의 입장에 불과했다. 그러나 그레고리는 한걸음 더 나아갔다. 쾌락은 성 관계의 불법적인 목적일 뿐만 아니라, 만일 어떤 쾌락이 성 행위와 '혼합되어' 있다면, 결혼한 사람들은 '결혼의 법을 어긴' 것이었다. 확실히, 어거스틴에게는 그들의 죄가 자녀 생산을 목적으로 하지 않았기에 작은 죄다; 그것은 '기도를 자주 드림으로' 용서받을 수 있을지도 모른다. 그러나 죄는 저질러졌다. 결혼한 사람들은 죄 가운데 자신들의 '쾌락'에 따라 자신들의 성 관계를 '더럽혔다'(〈목회 규칙〉 3.27, PL 77:102)……기적적으로 어떤 사람이 죄를 짓지 않고 성 관계를 가질 수 있을지도 모르겠다. 마치 불 속에 있지만 타지 않는 것처럼. 그러나 기적은 보통 결혼생활의 성 관계 속에서는 일어나지 않았다; 죄를 짓게 되리라는 것을 뻔히 내다보아야만 했었다.[6]

이렇듯 결혼에 대한 엄격한 태도는 4세기 그리스도교 지도자들이 몸에 대하여 취했던 거친 태도—곧 우리의 영(spirit)만이 참으로 무조건적인 기도를 드릴 가치가 있다—를 극적인 방식으로 예증해 준다. 깨어진 몸을 치유하기 위한 기도는, 온갖 다른 물질적 유익을 위한 기도와 마찬가지로, 영성적인 유익을 위하여 좋은 것인지 아닌지 의문시되었다. 그리스도인들은 단지 영성적인 은사들을 위해서만 확신을 가지고 기도하라고 가르침을 받아 왔다. 오늘 우리는 더 이상 몸을 적으로 여기지 않는다. 오히려 그 선함을 찬양한다. 결혼의 그리스도교적인 측면을 찬양하는 책들이 엄청나게 쓰여지고 있다. 하지만 아직도 질병을 품는 우리의 영성은 아쉬운 모습 그대로 남아 있다. 예컨대, 〈새 입교문답〉(The New Catechism, 'The Dutch Catechism')에서는 질병과 아픈 이를 위하여 기름 붓는 것을 간단히 다루고 있다. 그런데 이 책에는 질병이 십자가를 흉내내는 것이라는 중세기적 찬양도 되풀이되지 않고, 몸을 적으로 다루고 있지도 않다; 하지만 질병에 대해서는 거의 말이 없다. 그래서 실제로 도움이 되기엔 아직 이르다. 다음은 아주 잘 알려진 현대 가톨릭 신앙을 요약해 놓은 것이다: 첫째, 사람들은 질병을 앓고 있을 때 하나님께 버림받은 것으로 종종 느낀다. 둘째, 이것은 현실에 대하여 새로운 시각을 갖게 해줄 수도 있고 하나님과 더욱 깊은 관계를 맺도록 이끌어 줄 수도 있다. 셋째, 그리스도인은 아픈 이들을 심방해야 한다. 한 그리스도인이 치유 기도를 고려해 보아야 할지에 대해서는 어떠한 암시도 없다.

3. 아픈 이에게 기름을 바르는 것

아픈 이들에게 기름을 바르는 성례전은, 그 자체의 역사 속에서, 치유에 대한 교회의 태도 변화를 밀접하게 모방해 왔다. 본디, 그것은 기본적으로 육체적인 치유를 위하여 마련된 성례전이라고 여겨졌다. 그 본보기는 야고보서였다. 거기서는 장로들이 아픈 이의 주변에 모여 죄의 용서와 치유를 위하여 기도하라고 가르치고 있다. 나중에, 질병에 대한 태도가 바뀌어, 그것이 저주보다는 축복으로 여겨지게 되었을 때, 그 성례전의 목적은 그 주된 효과가 외견상 영성적인 것으로 바뀌어 버렸다: 곧 죽음의 위험에 놓여 있는 영혼을 곧바로 영광의 문으로 들어갈 수 있도록 준비시키는 것이 되어 버렸다. 육체적인 치유는 여전히 성례전의 단어들 속에 현저하게 언급되고 있었다. 곧 충실하게 전수되어 초기 전통을 대변하고 있었다. 그러나 이것은 이제 부차적인 목적이 되어 버렸다. 그 주된 효과는 영혼과 관련된 것이 되어 버렸다. 그 이름도 '종부성사'(extreme unction, 마지막 기름부음을 의미함)가 되어 버렸다. 본디

이 이름, '마지막 기름부음'(last anointing)은 단지 일곱 가지 성례전—기름부음이 그 예식의 일부로 사용됨—가운데 마지막 것이라는 사실을 언급했을 뿐이다.[8]

　나중에, 대중들의 이해 속에서, '마지막'(last)이라는 말은 어떤 사람이 죽음을 준비할 수 있도록 교회가 베푸는 마지막 행위를 의미하게 되었다. 이 모든 것은 종부성사의 유일하고 확실한 효과가 순전히 영성적인 것임—그 사람이 죽음의 순간에 하나님을 만날 준비가 되었음—을 강조하였다. 가톨릭 신자들은 상황에 따라 육체적인 치유도 가능함을 진짜 믿었다. 그러나 그들의 신앙은 거의 배타적으로 죽음의 영성적 준비에만 쏠렸다. 특히 죽음의 즉각적인 위험이 없을 경우에는 성례전도 베풀어 주지 말아야 했다. 결과적으로, 한 성직자를 병실 안에서 보는 것은 종종 환자에게는 죽음의 전조(harbinger)로 여겨졌다. 내 기억에 개혁교회에 다니는 한 친구에게서 가톨릭 신자인 자기 친척을 심방해 달라는 부탁을 받은 적이 있다. 그 친척은 수술을 받기 위하여 병원에 입원 중이었다. 그런데 내가 가겠다고 약속한 지 한 시간쯤 지나, 그 친구에게서 다시 전화가 왔다. 당황한 기색이 역력하였다. 그 친척이 내가 안 왔으면 좋겠다고 부탁했다는 것이다. 가톨릭 신자였던 그 환자는 성직자가 나타난다는 것에 대하여 화들짝 놀랐던 모양이다. 자신의 상태가 실제보다 더 나쁜 것이 아닌가 걱정했던 것 같다. 간단히 말해서, 그 가족들에게는 나의 등장이, 치유의 상징이라기보다, 죽음의 전조로 받아들여졌다. 나는 반성할 수밖에 없었다: '아픈 이들은 그리스도를 보고 만져 보려고 무리들 속에서 허겁지겁 어쩔 줄을 몰라 하였는데, 지금 여기서는 한 병든 사람이 그리스도의 대사인 나를 보기조차 두려워하는구나.' 이 가족들은 성직자란 환자에게 죽음을 준비시키기 위하여—그가 생명을 얻어 일어서도록 기도하기 위해서가 아니라—등장하는 것이라고 미리 단정지어 버렸던 것이다.

제2차 바티칸공의회 이후, '종부성사'라는 이름은 본디 이름인 '병자치유예식'(the anointing of the sick, 아픈 이에게 기름을 바르는 예식)으로 바뀌었다. 우리는 그리스도의 사명은 아픈 이들을 치유하시는 것이었다는 본디 의미를 되찾아 가고 있다. 그러자, 상당히 많은 신학자들도 성례전의 전반적인 치유 효과를 점점 더 강조하고 있다. (더 자세한 것은 제19장 "성례전과 치유"를 보라.)

4. 보통 사람들의 종교적인 이해

하지만, 주목할 만한 일은, 사람들—특히 단순한 사람들—이 자신들의 다양한 민간 신앙을 통하여 아픈 이들을 위해서 큰 믿음을 가지고 끊임없이 기도해 왔다는 사실이다. 교회의 살아 있는 대변자, 곧 성직자들이 더 이상 치유 기도를 베풀지 않았기 때문에, 사람들은 자신들의 질병을 위하여 기도하려고 성자들에게 다가갔다. 특히 성모 마리아는 루우드(Lourdes)와 그 밖의 다른 성지들에서 치유를 위하여 주목을 받았다. 그곳들은 실제로 치유의 중심지가 되었다. 내가 속했던 교단은 도미니칸이었는데, 그곳은 대부분의 재정적인 후원을 유다 다대오(St. Jude Thaddeus, Patron of the Impossible)의 시카고 성지에서 받고 있었다. 약 300,000명이 그 성지의 우편 리스트에 올라 있었다. 성 유다가 자신들이 자신들의 필요를 위하여 기도하면 도와줄 것이라고 믿었기 때문이다. 열렬한 신자들이 수많은 편지를 이곳 성지로 보낸다. 성 유다가 자신들의 치유 기도를 들어준 것에 대하여 감사드린다는 내용들이다. 세계 곳곳에 있는 다른 많은 성지들도 이보다는 덜하지만 상황은 거의 비슷하다.

가톨릭 신자들 사이에서 성지나 열렬한 신심이 공식적인 예전보다 더 대중적인 이유는 종종 이러한 것들이 단순하고 딱딱한 미사보다 더 나은 감정적 결과들을 제공한다는 사실 때문이었다. 그러한 것들이 대중적인 인기를 누리는 더 깊은 이유는, 내 생각엔, 이런 열렬한 신심들이 자신들의 진정한 물질적 관심사들을 위하여 기도하고 싶어하는 사람들의 기본적인 인간적 욕구에 부합되기 때문이다. 만일 하나님이 질병을 보내시거나 허락하시는 것으로 보였다면, 그분은 우리의 인간적인 고통에는 무감각하신 것처럼 보여졌을 것이다. 마리아는, 적어도, 접근할 수 있어 보였다. 비록 주교 같은 교회 지도자들이 보통 사람들 사이에서 치유 기도를 드리지는 않았지만, 가톨릭 교회에서 치유사역은 이러한 성지와 열렬한 신심을 통하여 생생하게 지속되어 왔다. 불행하게도, 요한 칼뱅(John Calvin) 같은 개혁교회 종교개혁자들은 성지와 성자들에게 주목하는 것을 그리스도에 대한 헌신으로부터 멀어지는 것으로 보았다. 그들은 치유적 성지를 단순한 가톨릭 제도나 미신이라고 여겼다. 그리고 치유기도는 가톨릭 신자들 사이에서 그랬던 것보다 대부분의 개혁교회 신자들 사이에서 훨씬 더 뜸해졌다. (신중하게도, 다양한 개혁교회 부흥운동들, 특히 하나님의 성회 같은 오순절 교회들의 성장은 치유를 포함하여 은사중심의 갱신을 가져왔다.) 치유 전통이 주류 개혁교회들 안에서 활성화되지 않을 때에도, 오랄 로버츠(Oral Roberts)나 캐더린 쿨만(Kathryn Kuhlman) 같은 개혁교회 오순절 계통의 대중 전도자들 사이에서는 그 전통이 보존되어 왔다―괄목한 만한 예외도 있었다. 어떤 사역자들, 특히 자신들의 교회에서 치유예식을 제도화하고 성 누가회를 세웠던 성공회 성직자들…….

이러한 성지들과 대중적인 복음전도대회는 예수님께서 자신의 생애 속에서 끌어모았던 똑같은 종류의 사람들, 곧 상처입은 채 길가에 앉아 치유받게 해달라고 간청하며 울부짖는 사람들을 끌어들였다. 우리는 그들을 통하여 소경 바디매오, 혈루증을 앓던 여인, 간질병에 걸렸던 소년

등, 예수님이 늘 끌어모았던 그런 종류의 사람들을 떠올린다. 일반적으로 인정하듯이, 이런 열렬한 신심들은 종종 감성적이고, 때때로 미신적이며, 당혹스럽게 상업화되는 경우도 자주 있다. 그러나 나는 이 모든 게 물질적이고 육체적인 필요들을 위한 기도가 교회 생활의 중심으로부터 벗어나 민간 신앙의 영역 속으로 옮겨지리만치 왕따를 당한 데서 비롯되었다고 믿는다. 그것은 마치 신학자들은 이쪽 한 방향으로만 빠져드는데, 기본적인 필요를 느끼는 단순한 사람들은 전혀 다른 쪽 방향으로 빠져드는 것이나 매한가지였다.[9]

수많은 사람들이 성지로 여행하여 성자들 옆 제단에서 촛불을 밝힌다. 그 때 사람들은 마음과 감정에 호소하는 신앙심이 있는 것으로 묘사되었다; "그들에게는 이런 식의 버팀목이 필요하다." 그러나 그것은 그보다 더 깊은 차원으로 나아간다; 이들은 단순히 자신들의 진정한 인간적이고 물질적인 필요들 속에서 도움을 찾고 있는 사람들이다. 만일 어떤 여성이 자신이 수술이 불가능한 암에 걸렸음을 발견한다고 치자. 그녀가 치유기도를 가장 쉽게 발견할 수 있는 곳은 어디일까? 자기 목사에게서? 아니면 성 유다(St. Jude)에게서? 아니면 자기 사역자에게서? 아니면 베니 힌(Benny Hinn)에게서?

5. 인간성에 대한 현대적 관점

오늘, 우리는 심리학이 인간에 대한 히브리적 관점으로 돌아오게 하는 데 영향을 미쳤다는 것을 발견하게 된다. 곧 육체와 영혼을 분리시키지 않고 전 인격적인 존재로 인간을 파악하여 정서(emotions)와 몸(body)이 마음(mind)과 영(spirit)에 많은 영향을 미친다는 것을 깨우쳐주었다—그 반대도 마찬가지다. 다시 한 번 우리는 우리의 혼(soul)이 몸 안에 감금되어 있는 것이 아니라 몸 안에 편히 거하고 있음을 본다. 몸의 부활은 우리의 가장 깊은 욕구에 대한 응답이다. 이것은 오늘 인간의 됨됨이를 바라보는 우리의 관점이 예수님이 인간을 바라보셨던 그 관점에 더 가까와지고 있음을 뜻한다. 플라톤학파, 스토아학파, 그리고 마니교의 관점들이 (최근 몇 세기, 데카르트학파와 얀센학파의 영향도 덧붙일 수 있을 것이다—특히 프랑스와 아일랜드에서) 그리스도교 영성에 온통 영향을 끼쳐 왔다. 이 관점들은 이원론을 강조해 왔다. 영과 마음은 고귀한 것으로 보면서도, 몸은 기껏해야 필요악이라고 보았다. 그러나 우리는 이제 하나님의 창조를 경축하는 영광스러운 통찰의 자리로 되돌아오고 있다. 하나님께서는 진정 우리 인간성 전체—우리 영혼만이 아니라, 우리의 모든 것—를 돌보신다는 깨달음과 함께.

과거에 우리가 치유를 위하여 기도하지 않은 이유는 단지 믿음이 부족해서만은 아니었다. 부분적으로, 그것은 '몸은 적'이라는 영성 탓이다. 이런 영성이 1,500년 이상이나 우리와 함께 하였다. 기쁘게도, 이제 우리는 좋은 소식의 충만한 선언을 회복하고 있다. 곧 구원은 전인(全人)을 위한 것이고, 예수님은 모든 가능한 차원들 속에서 우리에게 충만한 생명을 가져다 주시기 위하여 오셨다는 것이다. 마태복음은 이것을 명백하게 반영한다; 어떻게 예수님께서 단숨에 나병환자를 고치셨고, 백부장의 종을 치유하셨으며, 열병을 앓던 베드로의 장모를 고치셨는지를 묘사한 뒤, 이렇게 서술하고 있다:

> 날이 저물었을 때에, 마을 사람들이 귀신들린 사람을 많이 예수님께로 데리고 왔다. 예수님께서는 말씀으로 귀신을 쫓아내시고, 또 병자를 모두 고쳐 주셨다. 이리하여 예언자 이사야를 시켜서 하신 말씀이 이루어졌다: "그분은 몸소 우리의 병약함을 떠맡으시고, 우리의 질병을 짊어지셨다"(마태복음 8장 16-17절).

희망적이게도, 우리는 지금 우리 인간성에 대한 성경적 관점으로, 하나님의 관점—거룩한 것은 온전한 것이다(holiness is wholeness)—으로 되돌아오고 있다. 내가 육체적으로 탈진되었을 때 내 친구 한 명이 해준 말이 있다:

"하나님도 부서진 바이올린으로는 연주하실 수 없어!"

5
날마다 자기 십자가를 지고 가게 하라

하나님께서 부서진 바이올린으로 연주하실 수 없다는 것은 두말할 나위가 없다. 하지만 부서져 있는 사람들—훌륭한 그리스도인들—이 많이 있다. 하나님께서 그들을 어떻게 사용하실 수 있을까? 우리는 모두 온전함을 추구하는 길에서 고난을 받는다. 그런 종류의 부서짐은 있는 것이 사실이다—'회개'(contrition)는 문자적으로 부서진 상태를 뜻한다; 그러나 불행하게도, 너무나 많은 그리스도인들이 파괴적으로 부서져 있다—하나님을 사랑하고 이웃을 사랑하라는 가장 큰 명령을 실행할 수 없을 정도로 아주 심하게 부서져 있다. 그들은 내면세계의 혼란 때문에 하나님의 뜻을 제대로 실행하지 '못하고' 있다. 하지만, 역설적이게도, 그들은 그러한 질병이 하나님의 뜻이라고 여전히 믿고 있다. 그러므로, 그들은 자신들이 하나님께서 자신들에게 강요하고 계신다고 믿는 것으로부터 해방시켜 달라고 간청할 마음이 나지 않는다.

예를 들어, 내가 정신적인 우울증으로 고난을 당하고 있어 나를 향하신 하나님의 사랑을 믿기가 힘들다는 것을 발견하면 어떻게 될까? 어떻게 내가 돌이켜 하나님을 사랑할 수 있을까? 나는 슬픔에 너무나 똘똘 감겨 있어서 다른 이들과 사랑 속에서 관계를 맺을 수 없을지도 모른다. 고통이 너무 크다; 내가 원하는 것이라곤 오직 한 가지, 혼자 있을 수 있는 조용한 곳을 찾는 것이다. 동굴 속으로라도 기어들어가고 싶다. 너무나 상처를 입어 그리스도교 공동체 안에서 제대로 신자노릇을 할 수도 없게 되었다. 너무 부서져 그리스도인으로서 아주 기본적인 생활조차 할 수 없다. 더욱이, 내 상처가 아주 어린시절에 경험한 그림자들에 뿌리를 내리고 있다면, 나는 내 자신을 거의 바꿀 수 없을지도 모른다—상담가의 도움이 있더라도. 하지만 얼마나 많은 목사나 사제들이 이 같은 사람 한 명을 위하여 기도할 준비가 되어 있는가? 얼마나 많은 목사나 사제들이 하나님께서는 진정으로 그 사람이 이런 비참한 상태에 있기를 바라지 않으신다는 것을 확신하고 있는가? 얼마나 많은 목사나 사제들이 만일 간구하기만 하면 하나님께서 영혼의 평화를 가져다 주실 것이라고 믿고 있는가? 만일 하나님께서 인간을 구원하러 오셨다면, 왜 몸과 영이 부서져 있는 그리스도인들이 저리도 많은가? 한 가지 중요한 이유는 주목할 만한 변화 때문이다. 곧 저 초기 시대에는 그리스도인들이 건강과 치유를 사랑하는 성부 하나님께서 고난 당하는 자신의 자녀들에게 주시는 일상적인 응답이라고 보았는데, 나중에는 태도가 바뀌어 고난이 하나님의 특별한 축복의 표징이라고 여겨지게 되었던 것이다.

1. 오해 : "네 십자가를 져라"

나 자신을 포함하여, 많은 이들에게 영향을 준 고난에 대하여 한 가지 잘 알려진 태도가 있다. 곧 하나님께서 가장 사랑하는 사람들이 고난도 가장 심하게 받는다는 것. 이러한 관점은 다음과 같은 수많은 방법을 통하여 강화되었다: "만일 네가 이 땅에서 십자가를 당당히 지고 고난을 받으면, 천국에서 영광스러운 면류관을 상급으로 받게 될 것이다." 십자가의 성 요한(St. John of the Cross)이 쓴 〈카르멜산을 오르며〉 (Ascent of Mount Carmel)의 서두에서 말하는 것도 같은 맥락이다. 거기에서는 깎아지른 산의 정상으로 오르는 길은 좁고 고통스러운 길로 그려진다. 반면에 꾸불꾸불하고 쾌적한 옆길은 우리를 하나님으로부터 멀어지도록 이끄는 온갖 유혹들이라고 묘사된다. (앞장에 인용되었던 헨리 수소와 같은) 위대한 성자들의 옛 전기들은 보통 이 영성적 거장들이 견뎌내야 했던 고행과 고난들을 강조하고 있다. 이런 책들을 읽은 평범하고 무지한 독자들은 하나님과 하나되는 일이야말로 '진정 그 자체가' 중대한 일이며, 또 하나님과 하나되어 우리를 부르고 계시는 그 정점에까지 이르고 싶다면 커다란 고난도 달게 받아야 한다는 확신을 가지고 떠났다. 덜 용맹스런 사람들은 자연스럽게 뒷걸음질치면서 이렇게 푸념한다: "그런 일은 성자들한테나 맡겨 두어야지요."

몇몇 전통적인 영성의 추세들 속에서는 다음과 같은 유익을 주는 고난과 고행—특히 '스스로 선택하지 않은'(not self-chosen) 고난의 중요성을 강조하였다:

> (1) 한 '개인'으로서 나를 위하여: "그것은 자기 본위와 이기심으로부터 나를 깨끗하게 만들어 준다. 만일 고난을 받아들임으로써 쾌락을 향한 나의 지나친 욕망을 죽일 수 있다면, 나는 세속으로부터 좀 더 초연해질 수 있고, 하나님과 이웃을 좀더 이타적으로 순수하게 사랑할 수 있을 것이다."
>
> (2) '세상'을 위하여: "나는 나의 고난들을 십자가 위 예수님의 고난들과 하나되게 할 수 있으며, 다른 사람들을 돕기 위하여 그 고난

들을 구속적으로 사용하게 해달라고 그분께 간청할 수 있다. 바울처럼, 나는 세상의 구원을 위하여 그리스도의 남은 고난을 내 몸 안에 채워달라고 예수님께 간청할 수 있다."

고난을 받고자 하는 나의 갈망 속에서, 나의 주된 목표는 그리스도를 가능한 한 온전히 모방하고, 그분처럼 되기 위하여 그분의 피로 얼룩진 발자국을 따라 걸으며, 고난을 통하여 인류를 구원하고자 하시는 그분의 선교에 동참하는 것이다. 그리스도께서도 날마다 자기 십자가를 지고 자신을 따르지 않으면 자신의 제자가 될 가치가 없다고 명백하게 언급하시지 않았던가?

다소 최근까지도 영성 상담가들은 아픈 이들에게 다음과 말함으로써 격려하곤 하였다. 곧 하나님께서는 그들이 십자가의 삶에 좀더 깊이 참여하도록 발탁하셨기 때문에 특히 사랑을 받고 있는 것이라고. 십자가의 삶을 살아가는 이런 이상적인 삶은 아주 영웅적이었다; 스페인에서 건너 온 십자가 상에 그것이 생생하게 반영되었다. 때때로 그것들은 수녀원이나 수도원 벽에 걸리게 되었다. 반짝이며 흘러내리는 핏방울……. 그리스도의 얼굴에 새겨진 고통……. 사람들은 그 얼굴을 바라보며 죄책감을 느꼈다. 자기 자신들의 삶은 얼마나 편안하고 고행이 없는가를 깨달으면서.

여러분이 이처럼 '십자가'(cross) 중심의 영성을 지녔다면, 여러분도 질병으로부터 치유받기를 간구할 때 죄책감을 느끼지 않겠는가? 치유는 예수님을 본받아 세상을 구원하는 일을 도울 수 있는 기회를 빼앗아 가버릴 것이다. 그렇다면 여러분은 거룩함을 열망하기보다 연약함에 굴복할 것인가? 여러분은 영성적인 축복들은 간구할 수 있을 지도 모른다. 그러나 여러분에게서 고난의 미덕을 빼앗아 갈지도 모른다는 두려움 때문에 물질적인 축복들을 간구하는 데는 주저할 것이다.

무의식적으로 이러한 종류의 교리에 영향을 받은 많은 그리스도인들은, 특히 대부분의 가톨릭 신자들은, 자신들의 질병을 고쳐달라고 기도할 생각을 결코 하지 못하였다. 그리스도께서 아픈 이들을 치유하시고 건강하게 하실 수 있음을 알고 있었음에도 불구하고. 정 내가 내 십자가를 져야 한다면, 나는 더 가벼운 것보다는 하나님께서 내게 주신 것으로 보이는 것을 걸머지는 편이 더 나을 것이다: 치유해 달라고 간청하는 것은 비겁한 짓이다.

2. 고난에 대한 올바른 관점은 무엇인가?

성경이 가르치는 것은 명백한 모순이다: 예수님은 자신을 따르는 이들에게 자기 십자가를 지라고 말씀하신다; 하지만, 그분은 아픈 이들을 만날 때마다 그들에게 다가가 그들을 치유하신다. 그분이 이랬다저랬다 하신 것일까? 아니면 그분의 말씀을 오해한 것일까?

나는 우리가 두 종류의 고난 사이에 중요한 구분을 지음으로써 이 문제를 풀 수 있다고 생각한다:

(1) 예수님이 지신 십자가는 '핍박'(persecution)의 십자가였다. 그런 종류의 고난은 악한 사람들의 사악함 때문에 '외부로부터'(from outside) 온다. 그분은 자신 안에 깊이 고통스러워하셨지만, 그분이 겪은 고뇌의 근원은 그분 밖에 있었다. 예수님은 예루살렘을 위하여 우셨다; 그분은 모욕과 조롱을 당하셨다; 그분은 십자가에 못박혀 죽으셨다.

(2) 예수님이 스스로 당하지 않으시려고 하셨을 고난, 그리고 믿음 안에서 자신에게 나아오는 이들로부터 그분이 제거하셨던 고난은

질병(sickness)의 십자가였다. 그 고난은 우리를 내부로부터(from within) 갈기갈기 찢어놓는다. 그것이 육체적이든지, 정서적이든지, 아니면 도덕적이든지 간에.

3. 예수님의 삶

이러한 이중적 구분은 예수님의 삶에서 분명해 보인다. 명백히 그분께서 선하셨기 때문에, 이 세상 권세가들의 진노를 몸소 받으셨다; 그분은 자신의 삶과 가르침에 격노하는 원수들의 손에 중상과 모욕과 가장 고통스러운 고문과 죽음을 당하셨다.

그러나 복음서 그 어디에도 예수님이 육체적으로 병을 앓으셨다고 말하는 곳은 없다. 오랜 그리스도교 전통에서는 예수님은 아마도 나병이나 간질병이나 정신분열증이나, 또는 그 밖의 다른 질병들 그리고 우리 인간성을 괴롭히는 정서적 무질서 때문에 고난받지는 않으셨으리라는 것을 인정하였다. 우리는 이러한 질병들이 우리의 내적 존재의 타락에 기인하며 '하나님의 아들' (son of God)이신 예수님의 고귀한 신분과는 걸맞지 않다는 것을 직관적으로 느낀다. 질병은, 적어도 한 영역에서, 그 아픈 사람이 자신의 인격 안으로부터 공격을 받고 있음을 보여준다. 결과적으로, 우리는 예수님은 틀림없이 정서적으로 균형잡히시고 건강한 분이셨을 거라고 본능적으로 느낀다.

또한 예수님은 자신의 말과 행동에서 질병(내부로부터 한 사람의 삶과 온전함을 공격하는 것)과 핍박(외부로부터 공격하는 것)도 구분하신다. 예컨대, 그분은 제자들에게 그들이 핍박당할 것이며, 총독들과 임금들 앞에 끌려갈 것이며, 회당에서 쫓겨날 것이라고 경고하셨다. 그리고 그들의 원수는 그들 자신의 형제자매들이 될 것이라고 하셨다. 그리고 그들을 거스려 모든 악한 말을 할 때에 그들은 즐거워해야 한다고 말씀하셨다(마태복음 10장 17절 이하).

핍박에 대하여 예수님이 즐거워하신 것과 질병이나 귀신들림에 대하여 그분이 보이신 반응은 대조적이다. 복음서 기자들은 그분이 아픈 사람에게 질병이 도움이 되거나 구속적인 가치가 있기 때문에 즐거워하라거나 참으라고 말씀하신 적이 결코 없음을 보여준다;[1] 대신에, 예수님께서는 "그들을 모두 고쳐주셨다"(예를 들면, 마태복음 12장 15절).[2] 우리는 전반적으로 아픈 이들에게 자신들의 질병을 하나님의 뜻으로 받아들이라고 격려해 왔다. 하지만 복음서들에 나타난 예수님은 아주 다른 태도를 내보이신 것 같다. 한번은 나병환자 한 사람이 예수님께 다가와 "주님, 하고자 하시면, 저를 깨끗하게 해주실 수 있습니다."라고 말하였을 때, 예수님께서는 이렇게 대답하셨다:

> 그렇게 해주마. 깨끗하게 되어라 (마태복음 8장 3절).

내 친구 가운데 한 명이 언젠가 이렇게 말한 적이 있다:

> 복음서를 펼쳐 보십시오. 예수님은 그때마다 실제로 누군가를 치유하시는 중이거나, 방금 누군가를 치유하고 돌아오시는 중이거나, 치유하러 가시는 중입니다.

4. 제자들과 사도들의 태도

예수님께서 자신의 제자들에게도 똑같이 질병에 대해서 단호한 태도를 취하라고 가르치신 것은 분명하다. 그분께서 열두 제자들에게 복음을 전할 권한을 주시고(예를 들면, 누가복음 9장 안에), 일흔두 사람을 내보내실 때(누가복음 10장), 그분께서는 그들에게 아픈 이들을 치유하고 악한 영들을 내쫓을 권한도 주셨다. (아픈 이들을 치유하라는 명령과 악한 영들을 내쫓으라는 명령이 밀접히 묶여 있는 것을 보면서 질병은 악이라는—하나님이 보내주신 축복이 아니라는—초대 교회의 태도를 강하게 엿볼 수 있다.) 더욱이, (마가복음 끝부분에서) 모든 신자들에게 복음을 전하라고 하신 명령은 믿음의 한 표징으로서 치유를 약속한다:

……아픈 사람에게 손을 얹으면 나을 것이다(마가복음 16:18).

사도 바울은 자신이 그리스도를 본받 듯 사람들더러 자신을 본받으라고 힘주어 말한다. 그리고 자신의 바람은 다음과 같은 것이라고 덧붙인다:

내가 바라는 것은 그리스도를 알고, 그분의 부활의 능력을 깨닫고, 그분의 고난에 동참하여, 그분의 죽으심을 본받는 것입니다(빌립보서 3장 10절).

하지만 아픈 이들을 치유하는 데는 어떠한 반대도 하지 않는 걸 본다:

하나님께서 바울의 손을 빌어서 비상한 기적들을 행하셨다. 심지어 사람들이, 바울이 몸에 지니고 있는 손수건이나 두르고 있는 앞치마를 그에게서 가져다가, 앓는 사람 위에 얹기만 해도 병이 물러가고, 악한 귀신이 쫓겨 나갔다(사도행전 19장 11-12절).

바울은 자신의 행동에 따라, 비록 자신이 십자가를 강조하기는 했지만, 아픈 이들에게 그들의 질병이 마치 하나님의 뜻인 것처럼 참으라고 격려하지는 않는다. 바울 자신도 질병에 걸린 적이 있었다:

> 내 몸에는 여러분에게 시험이 될 만한 것이 있는데도, 여러분은 나를 멸시하지도 않고, 외면하지도 않았습니다(갈라디아서 4장 14절).

그러나 그가 그리스도를 위한 고난을 자랑할 때, 자신의 질병을 언급하지는 않았다. 오히려 그는 핍박 때문에 겪는 고난이나 자신의 소명과 관련된 수고들 같은 것을 자랑하였다:

> ……나는 수고도 더 많이 하고, 감옥살이도 더 많이 하고, 매도 더 많이 맞고, 여러 번 죽을 뻔하였습니다. 유대 사람들에게서 마흔에서 하나를 뺀 매를 맞은 것이 다섯 번이요, 채찍으로 맞은 것이 세 번이요, 돌로 맞은 것이 한 번이요, 파선을 당한 것이 세 번이요, 밤낮 꼬박 하루를 망망한 바다를 떠다녔습니다. 자주 여행하는 동안에는, 강물의 위험과 강도의 위험과 동족의 위험과 이방 사람의 위험과 도시의 위험과 광야의 위험과 바다의 위험과 거짓 형제의 위험을 당하였습니다. 수고와 고역에 시달리고, 여러 번 밤을 지새우고, 주리고, 목마르고, 여러 번 굶고, 추위에 떨고, 헐벗었습니다. 그 밖의 것은 제쳐놓고서라도, 모든 교회를 염려하는 염려가 날마다 내 마음을 누르고 있습니다. 누가 약해지면, 나도 약해지지 않겠습니까? 누가 넘어지면, 나도 애타지 않겠습니까? (고린도후서 11장 23-29절)

말하자면, 하나님께서 보통 우리가 질병으로부터 치유되기를 바라신다는 것이 우리가 '값싼 은혜,' 십자가 없는 그리스도교를 선포한다는 의미가 아니다. 우리는 그리스도 자신과 그 사도들이 선포했던 그런 종류의 그리스도교에 대하여 말하고 있다—거기서는 고난을 악[3]—우리의 내면생활을 압도해 오고 파괴하려 들 때 극복되어야 할 악으로 본다; 다른 한편으로, 그것이 적대자들의 박해나 사도적 수고에서 오는 피곤과 관련된 것일 때는 참고 기뻐해야 한다. 비록 그것으로 말미암아 선한 결과가 나타난다고 할지라도, 고난 그 자체는 죄의 결과다; 그것은 그 자체를 위해서가 아니라, 오로지 '하나님의 나라를 위하여' 참아내야 하는 것이다.

고난에 대하여 토의하다 보면, 거의 언제나 제기되는 문제가 있다: 바울이 자랑했던 '육체의 가시'가 의미하는 것은 무엇인가? 그리고 그가 기도했음에도 불구하고, 그것을 없앨 수 없었다는 것은 무슨 의미인가? 바울은 이렇게 말하였다:

> 내가 받은 엄청난 계시들 때문에 사람들이 나를 과대평가 할른지도 모릅니다. 그러므로 내가 교만하게 되지 못하도록, 하나님께서 내 몸에 가시를 주셨습니다. 그것은 사탄의 하수인이라고 할 수 있는데, 그것으로 나를 치셔서 나로 하여금 교만해지지 못하게 하시려는 것이었습니다. 나는 이것을 내게서 떠나게 해 달라고, 주님께 세 번이나 간청하였습니다. 그러나 주님께서는 내게 이렇게 말씀하셨습니다: "내 은혜가 네게 족하다. 내 능력은 약한 데서 완전하게 된다" (고린도후서 12장 7-9절).

이 '육체의 가시'가 지닌 정확한 성질은 모호하다. 다양한 주석가들이 그것은 질병이나, 박해나, 또는 성적 유혹일 수 있다고 시사했다. 확실히, 어느 누구도 이 본문을 한 관점을 뒷받침하는 데 사용할 수 없다. 다만 말할 수 있는 것은 바울의 처음 반응은 그 '가시'가 자기 자신에게서 떠나가도록 기도하였다는 것이다. 그는 거기에 목적이 있으며 그것이 하나님 나라를 위한 것이라는 사실(하늘에 들려 올라가 받은 계시가 그를 교만하게 만들지 않도록)을 깨달았을 때 비로소 간구하는 것을 중단했던 것이다. 더구나 그는 그것을 '사단의 사자'라고 불렀지 하나님이 보내신 축복이라고 하지 않았다.

한편, 귀신 때문에 간질병 들린 소년의 이야기(마태복음 9장 14-19절; 마태복음 17장 14-21절; 누가복음 9장 37-41절)는 두 가지 사실을 분명하게 해주는 듯하다. 첫째, 예수님은 그의 제자들이 그 소년을 치료할 수 있기를 기대하셨다는 것, 둘째, 제자들 자신들도 그 소년을 치료할 수 있게 되기를 기대했다는 것이다. 그들은 자신들의 실패에 당황하였다.

그 사건에 대한 마가의 묘사에 따르면, 그 간질병 들린 소년에게서 "그를 벙어리로 만든 귀신"을 제자들이 쫓아내려는 것을 보려고 군중들이 모여 들었다. 그러나 그 소년의 아버지는 예수님이 제자들에게 돌아오시자 이렇게 보고해야 했다:

> 선생님의 제자들에게 그 귀신을 쫓아내 달라고 했으나, 그들은 쫓아내지 못했습니다.

예수님은 그를 진정시키는 답변(그분은 "이제 내가 여기 왔으니, 그 아이를 내게 데려 오시오"라고 말씀하실 수 있었을 것이다) 대신에 이렇게 말씀하셨다:

> 아, 믿음이 없는 세대여, 내가 언제까지 너희와 함께 있어야 하겠느냐? 내가 언제까지 너희에게 참아야 하겠느냐?

명백하게도, 그분은 제자들이 그 소년을 치료할 수 있기를 기대하셨던 것이다.

예수님은 그 소년의 아버지에게 무엇이 잘못되었는지를 물으셨다. 그 아버지는 아들의 오래된 발작에 대하여 말하고 다음과 같은 매우 인간적인 간청을 한다:

하실 수 있으면, 우리를 불쌍히 여기시고, 도와주십시오.

여기서 예수님은 다시 한번 강력한 반응을 보이셨다. 마가는 예수님께서 다음과 같이 말씀하셨다고 기록하고 있다:

'할 수 있으면' 이 무슨 말이냐? 믿는 사람에게는 모든 일이 가능하다.

예수님은 그 아버지에게 또는 그 누구든지 그분이 하라고 요구하는 것을 할 수 있어야 한다고 말씀하신다. 문제는 그들 밖에 있는 것이 아니다. 거기에는 '만일' 이 없어야 한다. 곧 관건은 그들이 믿음을 가지고 있느냐 그렇지 못하느냐에 달렸다.

그 뒤에 예수님은 그 소년을 고치셨다. 그때 당황했던 제자들은 주님께 "왜 우리는 그 귀신을 쫓아내지 못하였습니까?"라고 조용히 물을 수 있을 때까지 기다렸다.

그러자 주님은 이렇게 대답하셨다:

이런 부류는 기도로 쫓아내지 않고는, 어떤 수로도 쫓아낼 수 없다.

이 사건 속에서 예수님이 자기 자신만을 치유사역의 유일한 존재로 부각시켰다는 인상을 주는 대목은 어디에도 없다. 오히려 그분께서는 제자들에게 사람들을 치유하는 것을 그들의 일상적인 사역으로 훈련시

켰음을 암시해 주고 있다. 그분은 아직도 제자들이 부름받아 맡겨진 일을 감당할 준비가 되어 있지 않음을 책망하셨다.

초대교회는 예수님뿐만 아니라, 그분의 추종자들도 역시 아픈 이들을 치유하기 위하여 하나님의 능력을 간구해야 한다고 보았다. 그들은 아픈 이를 고치는 일이나 귀신을 쫓아내는 일에 실패하면 죄책감을 느꼈다.

신약성경의 기록은 예수님과 그분의 제자들이 건강이야말로 인간을 향한 하나님의 정상적인 뜻이라고 마음속으로부터 믿었다는 것에 대하여 의심의 여지를 남겨놓지 않았다. 이레니우스는 이렇게 말하였다:

> 하나님의 영광은 인간이 완전하게 살아가는 것이다.

따라서 예수님의 치유에 대한 사람들의 반응은 다시 보게 되어 예수님을 따랐던 소경처럼 하나님께 영광을 돌리고 그분께 찬양드리는 것이었다.

> 그러자 그는 곧 보게 되었고, 하나님께 영광을 돌리면서 예수님을 따라갔다. 사람들은 모두 이것을 보고서, 하나님을 찬양하였다(누가복음 18장 43절).

5. 그렇다면, 고난에는 어떤 의미가 있는가?

고난이란 우리 모두가 어떤 형태로든 붙잡고 씨름해야 할 하나의 신비다. 만일 하나님께서 고난을 멈추게 하실 수 있다면, 왜 그분은 그렇게 하시지 않는 걸까? 큰 고통을 겪었거나, 아무 죄 없어 보이는 사람들이 고난을 겪는 것을 보면서 사람들에게 고난을 주시는 하나님은 믿을 수 없다며, 무신론자로 자처하는 사람들과 이야기를 나눈 적이 있다. 무엇이라고 대답해야 할까? 분명히 거기에 쉬운 대답은 없다. 하지만 여기 몇 가지 핵심적인 생각들이 있다. 그 생각들을 통하여 우리는 우리가 던지는 대부분의 질문들에 대해서 답을 얻는 데 도움을 받을 수 있을 것이다. 나는 그런 생각들이야말로 균형잡힌 생각이요 성서적인 생각이라고 믿는다:

1) 하나님의 영광은 인간이 온전하게 살아가는 것이다.

하나님은 그 자신을 생명과 (그분은 생명이시다) 온전함의 편에 서계시는 존재로 계시하셨다. 영과 혼과 육의 건강함을 원하시는 분으로 계시하셨다. 일반적인 하나님의 뜻은 우리가 건강하게 사는 것이지 병드는 것이 아니다. 그리고 그분은 모든 것을 할 수 있는 능력이 있기에, 치유를 간구하는 기도에 응답하실 것이다. 다만 거기에 치유를 방해하는 어떤 장애물이 있다거나 그 질병이 보다 큰 어떤 이유로 인해 주어졌거나 허용된 경우를 제외한다면 말이다.

2) 비록 그것 때문에 좋은 결과가 나타난다고 하더라도, 질병 그 자체는 악이다.

질병은 본디 하나님의 직접적인 뜻이라기보다는 타락한 우리 인간상황의 결과로서, 그것이 허용된 것뿐이다. 이제 부활의 권능을 통해서 하나님의 생명이 우리의 상처입은 세계 속으로 뚫고 들어왔고, 그분께서는 우리에게 인류와 모든 피조물을 치유하고 화해시킬 수 있는 능력을

주심으로 그분의 동역자가 되게 하셨다. 성경은 그것을 다음과 같이 표현했다:

> 그것은 곧 피조물도 썩어짐의 종살이에서 해방되어서, 하나님의 자녀들이 누릴 영광된 자유를 얻으리라는 것입니다 (로마서 8장 21절).

3) 사람은 죽음의 시간이 다가오는 것을 피할 수 없다.

물론 이것은 실재임이 틀림없다. 그래서 사람들은 중병이 든 나이 많은 사람들을 위해서도 기도해야 하는지 묻곤 한다. 거기에 대한 답변은 우리가 하나님께 질병을 거두어 가도록 간구해야 할 것인지, 또는 그의 행복한 죽음—그것은 하나님과 함께 거하는 더 좋은 삶으로 옮겨가는 것이지 전혀 비극이 아니다—을 위하여 기도해야 할 것인지에 대하여 여쭈어 보아야 한다는 것이다.

아그네스 샌포드 여사는 그의 자서전에서 노인들을 위한 기도를 할 때 인도의 필요성을 적고 있다. 거기서 그녀는 자신의 남편인 테드의 질병에 대하여 마음 아픈 결정을 내려야 했던 일을 이야기하였다:

> 그러나 완전한 치유는 오지 않았다. 그래서 나는 인도하심을 간구했다. 알다시피 모든 사람에게는 떠나야 할 시간이 있고, 그는 이미 칠십에 가까웠다. 나는 물었다. "주님, 그가 얼마나 더 살겠습니까?" 그러자 '3년' 이라는 응답이 왔다.
> 그의 생애는 끊임없는 기도로 조금 더 연장되었다. 하지만 칠십 이후 그 마지막 일년 반의 세월은 진실로 솔로몬이 말했던 바와 같이 수고와 눈물의 나날이었다. 그에게 커다란 발작이 일어났다……나

는 이번엔 치유를 위하여 기도하지 않았다. 만일 테드의 생명이 연장된다 해도, 그것은 오로지 수고와 눈물뿐임을 알았기 때문이었다. 나는 단지 무엇이 최선이 되는지, 하나님을 신뢰하며 적절한 시간에 그를 데려가시기를 간구할 뿐이었다.

그런데 다른 사람들—그를 사랑했던 모든 이들—은 이러한 문제들을 생각하지 않았고 오로지 치유를 위해서만 간청했다. 나의 모든 책들에서 나는 치유를 위한 기도로 뛰어들기 전에 인도하심을 구하라고 사람들에게 충고하였다. 하지만, 거의 주의를 기울이지 않았다. 테드는 회복되었다. 그러나 정말이지 그는 그 자신이라고 할 수 없었다.

사과가 여름철을 보내며 완전히 성장하고 익게 되어 가을에 땅에 떨어진다는 것은 아주 정상적인 것이다. 그러나 익지도 않은 푸른 사과가 벌레 때문에 칠월에 떨어진다면 그것은 무엇인가 잘못된 것이다. 비슷하게 적용한다면, 우리는 병든 젊은 사람들(예를 들어, 백혈병으로 죽어가는 젊은 엄마와 같은)의 치유를 위해서는 통상 열심히 간구해야만 한다는 것을 가정할 수 있다.

4) 어떤 질병은 좀더 높은 목적이 있을 수 있다.

때때로 그것은 우리를 연단하거나 정신차리게 하는 데 사용된다. 어떤 때에 그것은 우리로 하여금 방향전환을 하게 하여 더 좋은 방향으로 우리의 생애를 재조정해 주기도 한다. 전형적인 예가 바로 바울인데 그는 다메섹으로 가던 길에 소경이 되었지만, 결과적으로 바울의 생애를 완전히 뒤바꾸어 놓으신 주님을 발견하게 되었던 것이다. 그는 소경으로 삼일 동안 지내다가 아나니아의 기도를 통하여 치유받게 된다. 그 후에도 그는 갈라디아에서 병에 걸리지만, 이것이 갈라디아 사람들에게 복음을 전하는 기회가 되었던 것이다.

더 나아가, 교회는 특별한 은총으로 그리스도로부터 그분의 십자가에 동참하라는 요청을 받았던 성자들 사이에서의 구속적인 고통에 대한 오랜 전통을 가지고 있다. 이러한 전통은 모든 것을 흑과 백으로 단순하게 보기를 좋아하는 사람들—악마와 질병을 한편으로 보고 하나님과 건강을 다른 편으로 보는—에 따라 너무 오랜 세월 동안 무시를 당해 왔다. 그럼에도 불구하고, 때때로 구속적인 가치를 지닌 고통은 복음의 좋은 소식을 거의 가리지 않으면서도 많은 유익을 주었던 것이 사실이다.

병원의 원목들은 하나같이 너무 자주 환자들에게 "하나님께서 이 십자가를 받아들이라고 하십니다"라고 분별없이 말한다. 하지만 신약성경의 기준에서 본다면, 질병을 받아들이라고 하기보다는 오히려 그것의 제거를 위하여 기도하는 것이 규범이 되어야 할 것이다. 구속적인 (redemptive) 질병은 예외이지 법칙이 아닌 것이다.

6. 거꾸로 본 십자가

가장 기본적인 질문은, 그렇다면 우리의 몸과 상처입은 마음에 관련되어 그리스도의 고통의 치유효과는 이 생을 위한 것인가 아니면 단지 죽은 후를 위한 것인가에서부터 연유된다. 대중적인 영성은 우리의 몸이 이 세상에서 고통을 당해야 하며, 이것이 예수님을 본받아 자기 십자가를 지는 것으로 제안하여 왔다. 하지만 새로운 치유에 대한 관심은 부활이야말로 구속사건의 중심적인 신비라는 오늘의 인식과 맥을 같이 하게 되었다.

그리스도의 몸 된 지체 안에 거하시는 성령은 점점 더 많은 그리스도인들로 하여금 예수님이 이미 승리하신 사실을 주장하도록 인도하신다. 이제 그들은 더 이상 이러한 승리를 그들의 영적인 삶에만 국한시키지 않고, 전체 인간을 위한 능력과 힘으로 작용하고 있다. 이런 부활한 삶에 대한 새로운 인식은 루푸스 모슬리(Rufus Mosely)가 묘사한 환상 안에서 아름답게 예증되어 우리에게도 적용되고 있다.

  기대하지도 않았는데, 하나님의 현존과 능력과 그리고 영광이 내 위에 임하여 완전히 나를 사로잡았다. 마음과 영혼은 물론, 온몸이 그 기이함 속으로 들어갔다……나의 팔은 벌려졌고 나의 몸은 서서히 올리워지기 시작했는데, 처음에 나는 내 몸이 십자가의 형태, 생명과 명예와 축복, 그리고 영광의 십자가의 모습으로 변화한다는 것을 깨닫지 못했다. 내가 더 높게 올리워질수록 더 큰 희열과 영광이 느껴졌다……나의 몸이 완전한 십자가 형태가 되었을 때 영화롭게 되신 예수님께서 즉시 그 자신을 내 앞에 나타내셨다……재빨리 그분은 내 안으로 숨을 불어넣으셨는데, 아니 그분 자신을 부어넣으셨다. 나는 내 자신에게 말하기를 이것이 요한복음 14장 20절 말씀, "그 날에(그분께서 다른 보혜사를 보내실 때에) 너희는, 내가 내 아버지 안에 있고, 너희가 내 안에 있으며, 또 내가 너희 안에 있음을 알게 될 것이다"라는 말씀을 성취하는 것이구나 하였다……그것은 예수님께서 아버지와 연합되신 것과 꼭 같은 종류의 연합으로 그분께서 우리가 그분과 함께 있게 되기를 원하신다는 것을 알게 하였다……나는 십자가의 진리에 대해 질문했다……거기에는 대부분의 그리스도교 역사에서 거의 보지 못했던 십자가의 영광의 측면이 있다는 것이 명백했다. 이러한 경험 속에 나의 질문에 대한 해답이 있었다. 그분께서 치욕의 십자가로 걸어가신 반면, 나는 생명의 십자가를 지게 된 것이다……그분은 버림받는 십자가를 지셨는데, 거기서는 하나님조차도 돌아보지 않고 그분을 외면했던 것이다……그 십자가는 생명에 이르는 길이다. 모든 미움과 사랑과 만나는 길이다. 모든 악이 선과 만나며, 모든 부정이 긍정과 만나는 길이다.

6
기적—일종의 증거?

모든 고통을 하나님의 뜻으로 보는 십자가 중심의 배타적인 영성을 고집하는 사람들의 진짜 문제는 예수님께서 "저들의 모든 병을 고치시고"(예컨대, 마태복음12장 15절)라고 거듭해서 읽게 되는 복음서를 어떻게 다루어야 하는가 하는 것이다. 복음서 모든 곳에서 예수님이 질병을 원수로 다루셨다는 사실을 우리는 어떻게 평가해야 할까? 오늘, 왜 그렇게 예수님을 따르는 많은 사람들이 아픈 이들을 만날 때마다 사사건건 질병을 하나님의 뜻으로 받아들이라고 격려하는 것일까? 한번은 나병 환자가 예수님께 나아와 만일 원하신다면 자신을 고칠 수 있을 것이라고 간청하자 예수님은 이렇게 답변하셨다:

그렇게 해주마. 깨끗하게 되어라(마태복음 8장 3절)

그런데 그와는 반대로, 우리는 20세기의 나병 환자에게 "예수님은 어쩌면 당신을 육체적으로 치유하지 않으시려는 것 같아요. 당신의 나병을 받아들이는 법을 배우세요. 그것이 당신의 십자가예요. 그분은 당신이 그 십자가를 지고 가기를 원하십니다."라고 말하는 경향이 있다.

앞장들에서는 질병을 원수로 취급하던 태도가 급격히 바뀌게 된 몇 가지 이유들을 언급했다. 그런데 나는 이러한 원인이 우리가 경험보다 교리를 강조하려 했던 것에 있다고 생각하는데, 이는 올바른 지식이 의지력과 연결만 된다면 그리스도인을 만들어 내기에 충분하다고 생각하는 것이다.

로마 가톨릭 교회는 여러 면에서 이러한 접근방법이 부적절하다는 것을 발견해 가고 있는 중이다. 예를 들어, 교인들의 희생을 통하여 재정이 지탱되고 있는 교구 부속학교는 그 자체가 열정적인 그리스도인들을 만들어 내는 데 불충분하다는 것을 보여준다. 몇몇 가톨릭 대학들은 20% 미만의 학생들만이 주일미사에 참여하고 있을 뿐이다. 그런데 학생들은 수년간에 걸쳐 종교와 신학과정들을 이수해 왔던 것이다.

새로운 세대들에게 그리스도교를 가르칠 수 있는 성공적인 방법을 발견하지 못함으로써 느끼는 실망은 동일한 슬픈 상황 전반에 걸쳐 퍼져 있다. 지적인 접근방법 그 자체로는 한 세대나 한 나라를 그리스도교화하는 데 충분하지 못하다.

나는 얼마나 자주 "나는 본디 가톨릭 신자였지만, 이제는 그리스도인입니다."라고 말하는 젊은이들을 만나게 되는지 모른다. 그들이 말하고자 하는 바는 그들이 받았던 훈련이 단순히 그들로 하여금 규칙과 교리를 의식하게 만드는 것뿐이었다는 것이다. 그들은 가톨릭의 범주 밖으로 움직여 나가기 시작한 뒤에서야 비로소 예수님과의 개인적인 관계와 새로운 삶을 발견하게 되었다고 주장한다.

나는 '예수 집회'(Jesus Rally)에서 회심하기 전까지는, 수년 동안 부모들의 관심과 헌신적인 교사들에 따라 훈련받았음에도 불구하고 그리스도께서 현존하신다는 사실에 대하여 확신할 수 없었다고 말하는 상당히 많은 가톨릭 대학 출신의 졸업생들을 만났다. 이렇듯 그리스도를 향한 '결단'은 갑작스러운 것이며 곧 사라질 수 있다. 그것은 단지 시작일 뿐이지만, 일종의 참된 시작이다. 이러한 그리스도의 현존에 대한 개인적인 경험은 살아 있는 신앙을 위하여 그처럼 필요한 것이다.

교리를 지나치게 강조한 결과, 우리는 치유하시는 그리스도의 현존과 능력에 대한 생생한 감각도 잃어 버리게 되었던 것 같다. 일반적으로 그리스도의 치유는 주로 그분의 메시지가 진실이라는 것을 나타내 주는 표징들로만 제시되었다. 이러한 시각에 따르면, 믿음은 이성의 직접적인 논쟁의 영역 밖에 있기에, 예수님께서 그분 자신이 메시야임을 간접적으로나마 보여주는 최상의 길은 기적을 행하는 것이다("세례 요한에게 너희들이 보고 들은 것을 말하여라"). 예수님은 자신이 말씀하신 것—그분과 하나님 아버지는 하나다—이 진실이라는 것을 보여주시기 위하여 사람들을 치유하셨다는 것이다.

따라서, 치유는 일차적으로 교리와 메시지의 진실함을 나타내는 표징으로, 또는 거룩함을 드러내는 증거로 간주되었다. 이러한 관점에서 보면 치유는 다음과 같은 삼중적인 목적을 가지고 있다는 데 도달하게 된다:

(1) 치유 사건들은 그리스도에 따라 자신이 메시야이시며, 거룩한 분이라는 것을 보여주기 위하여 행하여진 것이다.

(2) 그것들은 초대교회 안에서 일어났는데, 교회가 그리스도의 사역을 수행하고 있으며 바로 선택받은 백성들이라는 것을 보여 주기 위한 것이었다. 일단 이러한 사실이 분명하게 인정받게 된 후에는 기적의 필요성은 점차 사라지게 되었다. 처음 한 세기가 지난 후에도 기적은 여전히 가끔씩 일어나기는 했으나—예를 들어, 루우드 같은 곳에서—그것은 의심 많은 세상에 그리스도께서 여전히 교회와

함께 계시다는 것을 보여주기 위한 것이었다. 교과서들(내가 신학대학에서 공부했던 것들을 포함해서)은 진정한 기적이 개신교 교회들 안에서 일어날 수 없다고 가르쳤다. 하나님은 이들이 진짜 교회라는 것을 나타내 주기를 원치 않으실 것이기 때문이다.

 (3) 그것들은 어떤 거룩한 사람들—위대한 성자들—에 의해서 행해졌는데, 그들은 예외적인 기적들을 행함으로 그들이 위대한 성자들임을 정확하게 보여주었다. 이러한 관점에 따르면, 평범한 그리스도인들은 기도응답으로 사람들이 치유되기를 결코 기대할 수 없게 된다. 그것은 자신들을 영적인 거장들과 같이 간주하는 주제넘은 짓이 되기 때문이다.

 물론 치유를 이렇게 하나의 표징으로 보는 것에도 많은 성경적 근거들이 있다. 요컨대 그리스도께서 그를 비난하는 자들에게 만일 그분의 말을 인하여 그분을 믿을 수 없거든 그분의 행하는 것을 보고서 믿어야 한다고 말씀하셨었다. 하지만 내가 보고자 했던 것은 치유의 이러한 증거적인 측면만을 지나치게 강조함 때문에 그리스도인 삶 속에서 갖게 되는 그것의 진정한 위치를 왜곡시키는 잘못된 부분이다. 예를 들어, 위에 언급했던 각 영역들—그리스도와 초대교회, 그리고 위대한 성자들의 생애—을 살펴보라. 이들 각각의 영역 안에서도 치유는 단순한 교리나 거룩함을 증거해 주는 것보다 더 깊은 의미를 가지고 있는 것이다.

1. 치유를 행하셨던 예수님 자신의 동기

 치유를 행하셨던 예수님의 동기는 분명히 그분의 메시야적 사명을 증명하시고자 하는 소원 이상이었다. 무엇보다 그분께서는 안식일에 빈번히 치유를 행하셨는데, 이것은 서기관들과 바리새인들의 가르침에 어긋나는 것이었다. 따라서 그분께서 하나님으로부터 보냄받은 분이라는 것을 그들에게 확신시키기는 고사하고, 그분의 치유행위는 그들로 하여금 그분을 없애 버려야 할 협잡꾼으로 확신하도록 만들었던 것이다.

> 율법학자들과 바리새파 사람들은 예수님을 고발할 구실을 찾으려고, 예수님이 안식일에 병을 고치시는지 엿보고 있었다(누가복음 6장 7절).

분명한 것은, 만일 예수님이 사람들에게 자신이 메시야이심을 확신시키는 데 우선적인 관심이 계셨다면, 그는 쉽사리 그 자신의 치유사역을 안식일이 아닌 다른 엿새 동안에 제한하여 행하실 수 있었을 것이다. 하지만 그분께서 당시의 사람들의 전통을 기꺼이 어겨가면서까지 그 일을 행하셨던 것은 아픈 이들을 향한 그분의 불쌍히 여기는 마음이 얼마나 강한가를 나타내는 것이다. 그분의 행동에서 불쌍히 여기는 마음은 종교지도자들에게 그분의 사명을 증명하고자 하는 것보다 훨씬 더 강력한 동기가 되었던 것이다.

게다가, 사람들을 치유하신 후에 예수님께서는 그들에게 말하지 말 것을 자주 명령하셨던 것을 본다. 그분은 널리 알려지는 것을 기대하지 않으셨으나, 아픈 이들을 돕고자 하는 억제할 수 없는 사랑에 사로잡혀 자신의 생명이 위협을 받는 지경에 이르기까지 그 일을 행하셨던 것이다.

> 그러나 (치유받은) 그는 나가서, 모든 일을 널리 알리고, 그 이야기를 퍼뜨렸다. 그러므로 예수님께서는 드러나게 동네로 들어가지 못하시고, 바깥 외딴 곳에 머물러 계셨다. 그래도 사람들이 사방에서

예수님께로 모여들었다(마가복음 1장 45절).

이 장면에서 우리가 예수님에 대해 얻을 수 있는 정보는—특히 복음서 중 가장 먼저 기록된 것으로 보이는 마가복음에서—오히려 그가 자신의 메시야적 정체를 숨기려 했다는 것이다. 그분께서는 아무 것도 증명하려 하지 않았을 뿐더러 오히려 치유 받으러 몰려오는 군중들로부터 피하고자 하셨던 것이다.

예수님께서는 무리가 자기에게 밀려드는 혼잡을 피하시려고, 제자들에게 분부하여 작은 배 한 척을 마련하게 하셨다. 그가 많은 사람을 고쳐 주셨으므로, 온갖 병으로 고통받는 사람들이, 누구나 그에게 손을 대려고 밀려들었기 때문이다(마가복음 3장 9-10절).

2. 교회나 위대한 거룩성의 증거로서 기적들

치유가 단지 어떤 특정 교회 안에서만 일어남으로써 그 교회만 진짜 교회라는 것을 증명해 준다는 이론은 사실과는 아주 다른 것이다. 치유는 명백히 여러 교회들 안에서 일어나고 있으며—심지어 기존의 제도화된 교회 밖에서도 일어나는데, 예를 들면 1960년대 '예수의 사람들'(Jesus people) 운동과 같은 모임의 경우이다. 그 중요하고도 분명한 의미는 하나님께서 이러한 치유들을 통하여 그분이 실재하시다는 것과, 그분이 평범한 사람들을 사랑하시며 그들이 그분께로 가까이 나아오기를 원하신다는 것을 보여주고자 하신다는 것이다. 그리스도께서는 어떤 한 교회의 정당성을 보증해 주시기 위함보다 사람들을 그분 자신께로 이끄는 데 더욱 열중하시는 듯하다(물론 이것은 우선순위에 관한 문제로, 어떤 사람이 어떤 교회에 소속되는 것이 중요하지 않다는 의미가 아니다).

또한 마지막으로, 우리는 신약성경 그 어디에서도 치유가 어떤 사람이 위대하다거나 예외적으로 거룩하고 성스럽다는 것을 보여주기 위하여 일어난다고 뒷받침해 주는 증거를 발견할 수 없다는 것이다. 오히려 반대로, 예수님은 특별한 행동들이 평범한—심지어 악하기까지 한—사람들에 따라 행해질 것이라는 것을 가정했던 것처럼 보인다.

> 그 날에 많은 사람이 나에게 말하기를 '주님, 주님, 우리가 주님의 이름으로 예언을 하고, 주님의 이름으로 귀신을 쫓아내고, 또 주님의 이름으로 많은 기적을 행하지 않았습니까?' 할 것이다. 그 때에 내가 그들에게 분명히 말할 것이다: '나는 너희를 도무지 알지 못한다. 불법을 행하는 자들아, 내게서 물러가라' (마태복음 7장 22-23절).

더구나, 그분을 믿는 자에게—반드시 거룩한 사람일 필요가 없이—따라올 표적 가운데 하나가 그들이 병든 자에게 손을 얹은즉 나을 것이라고 말씀하셨던 것이다(마가복음 16장 17-18절). 귀신으로 인한 간질병을 고치지 못한 제자들을 책망하신 것은 예수님이 그의 제자들이 가장 고치기 어려운 질병들도 치유할 수 있게 되기를 원하셨음을 암시해 준다.

3. 증거로서 치유를 강조하는 것의 유해성

이러한 모든 신학적 통찰들은 매우 중요하다. 그것들이 우리 삶에 중

대한 영향을 미치기 때문이다. '증거성'을 주장하는 생각은 그리스도인들로 하여금 치유를 위하여 기도하는 것을 방해하는 것 같다. 만일 내가 치유는 그리스도인의 삶 속에 예외적으로 일어나는 사건으로서, 평범한 그리스도인의 사역이라기보다 거룩함의 증거라고 믿고 있다면, 나는 분명히 아픈 이들을 위하여 기도하는 것을 주저할 것이다. 오로지 위대한 성자들에게나 합당한 행동의 차원까지 내 자신을 올려놓게 될 것이 두렵기 때문일 것이다.

이러한 증거성에 대한 지나친 강조 때문에, 많은 교회 지도자들은 우리가 오늘날 아픈 이들을 위하여 기도할 필요가 없다고 주장하는데, 왜냐하면 그리스도교는 역사를 통해서 충분히 증명되었기 때문이라고 한다. 그들의 관점에 따르면, 오로지 감각적인 것을 추구하는 사람들만이 기적적인 것을 갈망한다는 것이다. 일반적으로 말해서, 이러한 태도를 견지하면서 교회 지도자들은 치유사역을 고무시키지도 않을 뿐더러, 목회자들이나 평신도들이 치유를 위한 기도를 위하여 병원을 방문하는 것을 격려하지 않는 것이다.

무엇보다 중요한 것은, 만일 치유가 단지 표징으로서의 의미만을 가지고 그 자체의 가치를 전혀 지니지 못한다면, 치유는 복음서 메시지에 있어 부수적인 것으로 중요한 것, 즉 복음 그 자체를 지적해 주기 위한 외부적 증거가 되어야만 한다. 그러나 이러한 관점은 치유가 복음서 메시지의 빠뜨릴 수 없는 부분이라는 것을 보지 못한 것이다. 만일 그리스도가 우리를 구원하러 오셨다는 것이 좋은 소식이 되려면, 거기에는 구원할 능력이 있어야 하는 것이다. 만일 우리를 구원하는 능력을 전인(全人)에게까지 확장시킨다면, 바로 구원 메시지의 일부분은 그리스도께서 우리―영, 마음, 감정, 그리고 몸―를 치유하기 위하여 오셨다는 것이다.

치유사역을 부정하거나 그 의미를 축소시킨다는 것은 복음의 능력을 많이 저하시키는 것이며 그 대신에 생명력이 결여된 진리의 몸체만을

남겨 두는 것이다. 바울은 다음과 같이 썼다:

> 내가 속히 여러분에게로 가서, 그 교만해진 사람들의 말이 아니라 능력을 알아보겠습니다. 하나님 나라는 말에 있지 아니하고, 능력에 있습니다(고린도전서 4장 19하반절-20절).

그리스도교는 교리 이상의 것이다. 그것은 능력이다. 그것은 우리의 삶을 바꾸어 놓는 능력이며, 우리로 하여금 하나님과 이웃을 사랑하지 못하도록 하는 악을 분쇄하는 능력인 것이다. 예수님은 우리에게 새 생명을 주고자 오셨다. 바로 하나님 자신의 생명을 나누고자 하셨다. 우리는 언제나 이러한 사실을 믿어왔건만, 그 실체는 과연 어디에 있는가? 삶을 진정으로 변화시키는 능력은 과연 어디에 있는가?

너무 빈번히 우리가 해온 것은 좋은 소식을 좋은 조언으로 바꾸어 놓는 것이다. 좋은 소식이란 그리스도께서 우리로 하여금 그분의 아버지의 생명 안으로 들어가도록 돕기 위하여 오셨다는 것과, 그분의 능력으로 우리를 새로운 사람들로 변화시켜 우리 자신의 역량을 뛰어넘는 방법으로 사랑하고 즐거워하며 가난한 사람들을 도울 수 있도록 만드신다는 것이다. 한편, 좋은 조언이란 그리스도인의 삶과 봉사의 이상을 제시하지만, 실제로는 다음과 같이 말하는 것이다:

> 자, 여기 이상적인 모습이 있습니다.
> 이제 여러분의 의지력을 사용하여
> 그것을 성취해 보십시오.

우리의 그리스도교적 태도에 대한 좋은 실험은 이 질문에 어떻게 답하는가를 봄으로써 가능할 것이다. 만일 약물 중독자가 여러분에게 와서 도움을 요청한다면 당신은 어떻게 하겠는가? 여러분은 단지 그 중독자에게 온갖 종류의 도움이 될 만한 충고를 준 다음 그로 하여금 의지력을 사용하여 약물을 사용하지 말라고 격려하겠는가? 또는 지역 관계기관에 전화를 걸어 그 중독자로 하여금 특별한 약물퇴치 프로그램에 등록하도록 도와준다거나 또는 주립병원에 입원시키도록 조치할 것인가?

이러한 조치들은 필요한 것이기는 하겠지만, 여러분은 그리스도인으로서 무엇보다도 먼저 그 중독자와 함께 기도하면서 주님께 그를 중독으로부터 자유케 해주시도록 간구해야 되지 않겠는가? 만일 여러분이 기도로 그 사람을 구출할 수 있다고 믿는다면, 여러분은 진실로 그에게 줄 좋은 소식—포로 된 자에게 자유를 준다는—을 가진 것이다. 예수님께서는 단지 이상만을 제시한 것이 아니라, 우리에게 거기에 도달할 수 있는 힘을 주신다. 만일 사슬에 얽매어 있는 자를 자유케 하고 변화시키는 능력이 없이 오로지 말만 있다면 그리스도교는 불가능한 꿈을 꾸고 있는 것이다.

데이비드 윌커슨(David Wilkerson)은 치유하시는 그리스도의 능력을 강조하는 하나님의 성회 교단 소속의 목회자다. 그는 '십대선교회'(Teen Challenge)를 전국적으로 설립하였다. 약물 중독자를 치유하시는 그리스도의 능력을 믿기 때문이다. 이러한 믿음에서 나아가, 윌커슨은 증거들을 가지고 있다. 그의 기도 프로그램에 따른 중독자들의 70% 이상이 약물을 중단하고 해방되었는데—이는 연방병원에 입원한 사람들 가운데 5% 미만이 치료되는 것과 비교해 볼 때 놀라운 일이 아닐 수 없다.

복음이 단지 지금 이후로의 삶을 준비시키는 말장난일까, 아니면 지금 여기서 도움이 필요한 절망적인 사람에게 예수님의 구원을 보여주는 것일까? 약물이나 알코올 중독자에게 치유는 단순한 학문적 토론의 문제가 아니다. 그것은 사느냐 죽느냐의 문제인 것이다. 그리고 그것은 단지 육체적인 삶과 죽음의 문제가 아니라 동시에 영적인 삶과 죽음의 문제이기도 한 것이다. 의지력으로 이룰 수 없는 것을 그리스도의 치유의 능력은 이룰 수 있고, 실제로 이루고 있다.[3] 그런데 왜 더 많은 십대선교회나 알코올중독자와 그 가족을 돕는 익명의 자조모임(Alcoholics Anonymous) 같은 단체들, 곧 기도의 능력을 믿고 사랑의 공동체가 필요하다는 사실을 믿는 기관들이 나타나지 않는 것일까? 내가 생각하기에 그것은 우리가 단지 죄인들이 그들의 의지력을 사용하여, 말하자면 그들이 다시는 그런 일을 하지 않겠노라고 '결단하는 것'을 강조하기 때문이라고 생각한다. 하지만 우리들 중 많은 이들이 예수님께서 중독자들을 그 중독으로부터 자유케 하리라는 것을 확신을 가지고 기도하는 법조차 배워본 적이 없는 것이다. 또한 우리는 그러한 알코올이나 약물 중독자들이 다시 그러한 중독에 빠지지 않도록 지원해 주기 위한 친밀한 공동체를 형성하고 있지도 않다.

그리스도인들은 언제나 기도와 공동체의 필요성을 믿어 왔다. 그러나 그것을 실질적인 차원으로 끌어내렸을 때, 우리는 정말로 예수님께서 사람들을 자유케 하시고 변화시키시기 위하여 오셨다는 것을 믿고 있는 것일까? 우리는 단지 좋은 충고만을 가지고 있는 걸까, 아니면 우리 자신이 할 수 없는 것을 변화시키는 예수님의 능력을 믿고 있는 걸까?

믿음을 가지고 우리는 알코올 중독자들과 함께 주님께서 그들의 술을 마시고자 하는 간절한 열망을 제거해 주시도록 기도할 수 있다. 또한 우리는 약물 중독자들과 함께 주님께서 그들을 도우셔서 그들의 약물상용습관을 물리치도록 기도할 수 있다. 심지어 우리는 저는 사람이 일어나 다시 걸을 수 있도록 감히 기도할 수 있는 것이다.

그러할 때 우리는 경험을 통하여 예수님께서 다음과 같이 말씀하신 것의 의미가 무엇인지 깨닫게 될 것이다:

내가 진정으로 진정으로 너희에게 말한다. 나를 믿는 사람은 내가 하는 일을 그도 할 것이요, 그보다 더 큰 일도 할 것이다. 그것은 내가 아버지께로 가기 때문이다(요한복음 14장 12절).

7
하나님은 사랑이시다

그리스도인들로 하여금 고통이 하나님으로부터 온 것이라고 믿게 하는 분위기들 때문에, 그들은 치유를 위하여 간구하는 것에 대해 죄책감을 갖는 것 같고, 고통을 덜기 위하여 간구하려고 하면 그것을 비겁한 일이라고 여기는 것 같다. 그리스도인으로서, 그들은 자신의 십자가를 질 수 있어야 한다고 느끼고 있을 뿐 아니라, 그들은 그러한 고통을 기꺼이 받아들일 수 있어야 한다고 생각한다.

그래서 많은 그리스도인들은 변명을 해야만 한다는 것을, 즉 하나님께 치유를 위하여 간구하려면 어떤 비이기적인 이유가 있어야만 한다고 느낀다. 전형적인 예를 들면, 가령 어떤 어머니는 다음과 같이 말하려고 할 것이다. "나는 가족들에게 짐이 되지 않기 위하여 회복되기를 원합니다." 또한 어떤 전문 직업인은 "나는 다시 일을 하기 위하여 회복되기를 원합니다"라고 말하려고 할 것이다.

그러나 한편, 만일 이러한 사람들이 의사를 찾아가는 경우, 그들은 이러한 변명을 해야만 한다고 느끼지 않을 것이다. 가령 정형외과 전문의를 찾아간 사람은 단순히 자신이 척추가 손상을 입었고 회복되기를 원하기 때문이다. 그는 병원에 와야만 했던 자신의 정당성을 의사에게 알리며 그의 회복이 그의 가족들에게 도움이 될 것이라거나 또는 그의 일을 더 잘하게 만들어 줄 것이기 때문이라고 증명해 보일 필요가 없는 것이다. 그가 낫기를 원한다는 것으로 이유는 충분한 것이다.

그런데 왜 우리 가운데 그렇게 많은 사람들이 하나님께 우리는 낫게 해달라고 간구하는데 어떤 정당한 이유를 대야만 한다고 느끼는 걸까? 그것은 마치 하나님이 우리를 사랑하신다는 것을 믿을 수 없다는 것과 같다. 그분이 오로지 우리의 하는 일로 우리를 평가하신다고 생각하는 것과 같은 것이다. 이러한 우리의 모습은 어린 아이들이 사랑하는 아빠나 엄마에게 아주 자연스런 도움을 청하는 것과 얼마나 차이가 나는가!

영국에 사는 어떤 가정주부는 자신이 배워 온 영성을 반영하듯 다음과 같이 설명했다:

> 하나님이 아버지 되신다는 온갖 공식적인 가르침에도 불구하고, 우리가 배워 온 하나님과 우리의 관계는 한 아이가 그의 아버지와의 정상적인 관계에서 상상할 수 있는 것과는 너무 달랐다. 당신의 아이가 당신의 음성을 들었을 때, 신경질적으로 펄쩍뛴다거나 또한 더러워질까봐 다른 아이들과 놀려고도 하지 않고, 언제나 약간 긴장되어 있다고 상상해보라. 비록 당신이 아무 것도 말하지 않았지만, 속으로는 비난하고 있으며 허락지 않았기 때문이라고 생각해서라고 상상해 보라. 당신이 잘못했다고 할까봐 두려워하면서 그 아이는 자신이 원하는 것은 무엇이든지 당신에게 요구하기를 꺼려하는데 왜냐하면 그 아이는 당신이 그것이 너무 많은 문제를 가지고 있다고 말하거나 또는 너무 비싸다고 또는 그 아이에게 좋지 않다거나 그 아이에게는 과분한 것이라고 말 할 것이라고 생각하기 때문이라고 상상해 보라—당신이 순수히, 그리고 다정한 목소리로 "그래, 좋아"

라고 하리라고는 결코 생각하지 않는다고 생각해 보라. 이러한 문제의 뿌리는 당신이 아이들을 좋아하지 않기 때문이라고 어렴풋이나마 확신할 수 있는데, 이러한 것을 해소할 수 있는 유일한 기회는 가능한 한 당신이 어린아이처럼 되어보는 것이다……우리는 하나님 그분께서 우리를 사랑하신다는 것을 알고 있다. 하지만 우리는 그분의 사랑이 우리가 원하지 않는 필요없는 것을 준다거나 우리의 자연적인 충동을 훼방놓는 것과 같은 미심쩍은 사람이라고 느끼고 있다. 우리는 감히 이러한 감정들을 공식화하려고 하지 않는데 왜냐하면 만일 우리가 그렇게 한다면 우리는 다음과 같은 어떤 종류의 다른 개념들을 가져야 한다는 것을 어렴풋이나마 알고 있기 때문이다. 즉 하나님은 무서운 분이다……하나님은 언제나 우리의 약점을 찾으시는 분이다-와 같은 생각들 말이다. 이러한 감정들은 겉으로 드러나지 않도록 잘 감추어져 있지만, 어떤 암시적인 기대들의 형태 속에서는 분명히 의식할 수 있다.

평범한 그리스도인들이 하나님과의 관계 속에서 이러한 두려운 마음을 느끼는 이유는 그들이 치유를 가져다 주시는 하나님 아버지에 대한 그리스도의 계시를 다소 이방적인 하나님의 개념인, 징계를 위하여 또는 속죄를 위하여 고통을 주시는 분으로 바꾸어 놓은 데 있다. 그러므로 치유는 복음적 메시지의 필수적인 부분이며 그것이 우리로 하여금 우리 하나님에 대한 개념으로 이끌어 준다.

하나님은 어떤 분이신가? 만일 우리가 진정 하나님이 사랑이시라고 믿는다면, 치유가 특수한 것이 아니라 그분의 자비의 표시로서 아주 일상적인 것이라고 믿어야 한다. 치유에 대한 다른 어떤 태도까지도 사랑하시는 아버지로 자신을 나타내신 하나님의 실체에 대한 복음의 내용을 강탈하는 것이 된다.

너희가 악해도 너희 자녀에게 좋은 것을 줄 줄 알거든, 하물며 하늘에 계신 너희 아버지께서, 구하는 사람에게 좋은 것을 주지 아니하시겠느냐? (마태복음 7장 11절)

여기에 걸려 있는 것은 부수적인 어떤 것이 아니라, 그리스도교 진리의 핵심이다. 우리 자신은 나를 위한 하나님의 사랑에 대해 말할 때, 인간으로서 내 자신이 이해할 수 있는 용어로 말하고 있는가? 아니면 '거룩한 사랑'이니 '긍휼'이니 하면서 실제 나의 삶을 건드리지 못하는 비현실적인 개념을 논하고 있는가?

나는 정말 진정한 인간적 사랑이 무엇인지 알고 있다. 내가 확실히 아는 것은, 만일 내가 고통 가운데 있거나 병에 들었다면, 나의 가족이나 친구들이 나를 회복시키기 위하여 그들이 할 수 있는 모든 것을 할 것이라는 사실이다. 그들이 나를 의사에게로 데려갈 것이며, 약을 사다주고, 또는 병원에 입원시킬 것이다. 심지어 그들은 수천 달러에 달하는 병원비를 지불하도록 도와줄 것이다. 그들의 이러한 행동들은 나에 대한 사랑과 관심의 표현임을 나는 이해할 수 있다.

그러나 만일, 내가 병원 침대에 누워 있는 동안, 그 병원의 원목이 와서 몇 마디 말로 나를 위로하려고 한 다음, 하나님은 어쩌면 나를 치료하기를 원치 않을지 모른다고 말한다면 나는 혼동에 빠지게 될 것이다. 그 목사님은 내가 이해할 수 있는 어떤 인간적 방법으로도 하나님의 사랑을 묘사하지 않는 것이다. 따라서 예수님께서 "구하라, 그리하면 얻으리라"고 말씀하신 의미가 분명하든지 아니면 그 말씀이 평범한 사람들은 그들의 매일의 생활에서 이해하기 어려운 용어로 재해석되든지 해야 할 것이다.

C. S. 루이스는 〈고통의 문제〉(The Problem of Pain)라는 책에서 고통의 신비와 번민에 관해 그의 총명한 지성으로 할 수 있는 모든 이해를 동

원하여 설명하고 있다. 그런데 그 책을 저술한 후 얼마 안 되어 그의 아내가 죽었다. 이러한 쓰라린 상실에 직면하게 되자, 루이스의 이성적인 통찰들은 아무런 위로가 되지 못했다. 그는 아내를 데려가신 하나님께 대하여 분노하기 시작했다.

억제할 수 없는 슬픔 가운데 그는 자신의 고통을 작가적인 방법으로 표출한다. 그는 절망과 싸우는 그의 나날들을 일기식으로 묘사했다. 마침내 그가 다시 정신을 되찾고 빛 가운데로 나오게 되었을 때, 그는 그의 일기를 출판하기로 결심했다. 하지만 고통을 다루는 그의 처방책이 그가 이전에 고통에 대하여 단지 생각하던 때의 그것과 너무 다르다는 것을 깨닫게 되자, 그는 그 작품에 자신의 실명 대신 가명(C. N. Clerk)을 붙이기로 하였다. (나중에 그 책은 그의 실명으로 출판되었다). 그의 그리스도교에 대한 지적 변증가로서의 명성답게, 그 책은 특별히 개인적인 고통과 신앙을 거부하고픈 유혹들에 대한 그의 인간적인 반응을 잘 묘사해 주고 있다.

> 다른 모든 도움이 헛되게 되어 그분께 당신의 필요를 필사적으로 아뢰기 위하여 갔을 때, 당신은 무엇을 발견하게 되는가? 당신 면전에서 문은 소리를 내며 닫히고 이어 안쪽으로 자물쇠를 이중으로 걸어 잠그는 소리가 들린다. 그리고는 침묵만이 있다. 당신이 돌아서는 것이 좋을 것이다. 오래 기다리면 기다릴수록, 그 침묵은 더욱 짙어질 것이다. 거기 창문들에는 아무 불빛도 보이지 않는다.
> 내가 처해 있는 큰 위기는 하나님을 믿기를 중단하는 것이 아니다. 정말 위기는 그분에 대한 이러한 무시무시한 사실들을 믿게 되는 것이다. 내가 도출해 낸 결론은 그래서 결국 "하나님은 계시지 않는다"가 아니라 "그래서 이것이 진짜 하나님의 모습이다. 더 이상 당신 자신을 속이지 말라"인 것이다. 거기에는 아무런 응답이 없다.

오로지 굳게 닫혀진 문, 내리워진 두터운 커튼, 진공상태, 완전한 제로 상태가 있을 뿐, "구하는 자마다 얻지 못할 것이다." 나는 구할 만큼 어리석었다.

수면제를 과용하는 것만이 차라리 도움이 될 것이다. 나는……우리가 덫에 걸린 쥐들, 아니 더 나쁜 것은 실험실의 쥐 같다는 것이 두렵다. 누군가 말하기를 나는 "언제나 하나님이 기하학적으로 일들을 처리한다"고 믿는다고 했다. 가정해 볼 수 있는 사실은 "하나님은 언제나 생체해부를 하시는가?" 이다.

조만간 나는 그 문제에 분명한 언어로 직면해야만 한다. 우리의 간절한 기대를 제외한다면, 우리가 가질 수 있는 어떠한 기준들에 의해서라도 하나님은 "선하시다"라고 믿을 수 있는 어떤 근거를 우리는 가지고 있는가? 오히려 일차적인 증거들은 정반대의 사실을 암시하고 있지 않은가?

우리는 그리스도가 그러한 주장에 반대했다고 한다. 하지만 만일 그가 실수한 것이라면 어떻게 할 것인가? 그의 마지막 말들은 거의 완전하게 분명히 이러한 뜻을 가지고 있는 것 같다. 그는 자신이 아버지라 불렀던 존재가 무서운 분이며 그가 가정했던 것과는 아주 다른 분이었음을 발견했던 것이다. 그처럼 오랫동안 주도면밀하게 만들어져, 교묘한 미끼를 단 그 덫은 마침내 십자가 위에서 튀었던 것이다. 야비한 농담은 계속되었다.

나는 위의 내용을 어제 밤에 썼다. 그것은 하나의 생각이라기보다 차라리 절규였다. 그것을 다시 한 번 하려고 한다. 나쁜 하나님을 믿는다는 것이 합리적인가? 어쨌든지 간에 하나님에게는 그러한 나쁜 것이 있지 않은가? 우주의 쌔디스트이며, 짓궂은 천지가 아닌가?

끔찍한 것은 완전하게 선한 하나님이 이러한 문제에 있어서는 우주의 쌔디스트 못지 않게 무섭다는 것이다. 하나님은 단지 치유하시기 위하여 고통을 주신다고 믿게 되면 될수록, 우리는 부드럽게 다루어 달라고 간청하는 것이 필요하다는 것을 점점 더 믿을 수 없게 된다. 어떤 잔인한 사람은 뇌물에 매수되어—또는 그 자신이 자기의 야비한 장난에 싫증을 느끼게 되어—마치 술주정뱅이가 잠시 제정신을 차리듯 일시적으로나마 자비를 베풀 수도 있으리라. 하지만 당신이 전적으로 선한 의도를 가지고 있는 외과의사를 상대하고 있다고 가정해 보라. 그가 친절하고 양심적이면 양심적일수록, 그는 더욱 가차없이 냉정하게 상처들을 도려낼 것이다. 만일 그가 당신의 간청에 못이겨 굴복한다면, 그래서 만일 수술을 다 마치기 전에 멈춘다면 그 순간까지 받았던 고통은 소용이 없게 될 것이다. 그러나 이러한 극단적인 고통이 우리에게 필요한 것이라고 믿을 수 있는가? 그것은 당신이 선택하기에 달렸다. 그러한 고통은 닥칠 것이다. 만일 그러한 것들이 소용없는 것이라면, 그때의 결론은 하나님이 없거나 나쁜 존재일 것이라는 것이다.

이러한 문장을 통하여 C. S. 루이스는 전통적인 하나님 개념, 곧 고통을 주는 것이 악한 세력들이라기보다 하나님이라는 생각에 직면하게 될 때 인간의 내면에 어떤 일이 벌어지게 되는가의 예를 적나라하게 보여 주고 있다. 그는 어떻게 사랑의 하나님이라는 분이 그렇게 동정심이 없을 수 있는가 하고 울부짖는 인간의 마음을 묘사하고 있다. 직관적으로 그를 포함한 모든 그리스도인들은 하나님의 사랑이 완전하게 신비할 만큼 인간적인 사랑과 그렇게 다를 수 없다는 것을 알고 있다.

페루에 있는 동안에, 나는 놀랍게도 매년 그리스도인들에게 있어 가장 인기있는 축제가 바로 엘 쎄뇨르 데 로스 밀라그로스(El Senor de los Milagros), 곧 '기적의 축제, 우리 주님의 축제'라는 것을 발견했다. 이 축제는 사람들에 의해 만들어진 것으로 모든 공식적인 가르침에도 불구하고 부활절이나 성탄절보다도 더욱 인기가 있다. 사람들이 하나님에게 도움과 치유와 기적들을 기대하기 때문이다. 10월은 마치 다른 나라의 사순절 기간처럼 기적의 우리 주님의 축제를 준비하는 데 대부분 사용된다. 페루 사람들은 하나님과 교회가 도움을 줄 것―고통을 받아들이라는 교리가 아니라―을 기대하는 단순한 믿음을 가지고 있는 것이다.

이 단순한 사람들의 헌신이 대부분의 위대한 그리스도교의 교회들을 지었다. 기대감을 가진 순례자들은 오늘도 치유를 갈구하며 루우드를 계속 찾아가고 있다. 가톨릭 신자들은 성모 마리아에게 나가서 간청을 한다. 그녀가 동정심과 사랑 많은 어머니로 느껴져 좀더 접근하기 쉽고 치유를 위하여 간구할 수 있을 것 같아서이다. 하지만 그들이 예수님이나 아버지 하나님에게는 가까이 가기를 두려워하는 것을 자주 볼 수 있다. 그러나 예수님은 우리를 향한 그분의 사랑이 인간 아버지의 사랑보다 훨씬 크다는 것을 우리에게 말씀하셨다(마태복음 7장 9-11절). 또 하나님은 이사야 선지자를 통하여 말씀하셨다:

> 어머니가 어찌 제 젖먹이를 잊겠으며, 제 태에서 낳은 아들을 어찌 긍휼히 여기지 않겠느냐! 비록 어머니가 자식을 잊는다 하여도, 나는 절대로 너를 잊지 않겠다 (이사야 49장 15절).

문제는 바로 우리 자신의 하나님에 대한 인식이다. 여기 세상에서 우리가 고통받기를 원하는 하나님에 대항하여, 우리는 〈카라마조프가(家) 형제들〉 *(The Brothers Karamazov)*에서 이반이 그랬던 것처럼 화를 내고픈 유혹에 빠질 수 있다.

"내가 묻는 질문에 대하여 네가 직접 답변해 다오. 네가 종국에는 사람을 행복하게 만들어, 마침내 그들에게 평화와 안식을 주려는 목적을 가지고 인간 운명이라는 건물을 짓고 있다고 상상해 보렴. 하지만 네가 이 일을 함에 있어 단지 한 작은 생명에게 고통을 주어 죽게 하는 것이—예를 들어, 그 어린아이가 주먹으로 자기의 가슴을 쥐어뜯어야 하는—그 건물이 복수하지 않는 눈물들 위에 세워졌다는 것을 발견하기 위하여 필수적이고 불가피하다고 상상해 보렴. 너는 그러한 조건들 위에 세워진 건축물에 대하여 만족할 수 있겠니? 말해다오. 사실대로 답변해다오."

그러나 알료샤는 부드럽게 말했다: "아니, 나는 만족할 수 없어요."

그러나 예수 그리스도 안에서 하나님의 계시는 우리가 구원하시고 치유하시는 자비로운 주님을 모시고 있다는 것이다. 보이지 않는 하나님의 보이게 나타난 형상이신 예수님께서는 하나님이 사랑 많으신 아버지라는 것을 우리에게 보여주셨다.

반복해서, 예수님은 우리에게 확신을 가지라고 요구하셨다:

"너희가 내 이름으로 무엇을 구하든지 받을 것이다."

이런 어린아이 같은 마음으로 돌아가고, 하나님이 정말로 우리를 사랑한다는 확신으로 돌아가야 할 시간이다. 하나님이 사랑하신다는 것에 대한 가장 명백한 증거는 예수님이 그러셨던 것처럼 그가 상처입은 이들을 치유하시기 위하여 몸을 굽히신다는 것이다.

만일 하나님께서 사람들을 도울 수 있는 능력을 가지고 있다면, 우리는 자연스럽게 몇 가지 질문들을 하게 된다:

1) 정말 하나님께서 돌보고 계시는 것일까?

만일 친구가 아픈 것을 보았을 때 도울 수 있는 능력이 있다면, 나는 그를 돕기 위하여 나의 모든 능력을 사용할 것이다. 만일 하나님이 나를 도울 수 있는 능력을 가지고 계신데도 돕지 않고 계신다면, 나는 "하나님이 나를 사랑하신다"는 말이 무엇을 의미하는지 이해하지 못할 것이다. 내가 절망 가운데 있는 사람들로부터 많이 받았던 질문도 그것이다. 그들은 이렇게들 말한다:

> 내 상태는 하나님께서 돌보고 계시지 않는다는 것을 증거해 줍니다. 아마 그분이 당신은 돌보아 주실지 모르지요. 하지만 나를 보면 당신은 왜 내가 하나님께서 나를 돌보아 주지 않는다고 확신하고 있는지 알게 될 것입니다.

2) 하나님의 힘이 부족한 것은 아닐까?

만일 하나님이 돌보고 계시지만, 사람들이 고통 속에 있도록 내버려 두신다면, 그분은 도울 힘이 모자라는 듯하다. 그분은 나의 실제적인 삶과 필요들을 치우는 데 힘이 부족한 것은 아닐까?

위에서 말하는 어떤 경우든, 우리가 그분께서 기도를 통하여 치유하신다는 것을 부인하게 될 때 하나님의 선하심과 사랑에 대한 바로 그 개념이 아주 크게 흔들릴 수 있다. 나는 오늘 신앙 위기의 이유 중 하나가 기도에 대한 기본적인 확신의 결여와 연관되어 있다고 생각한다. 응답받는 데 주의할 점을 강조하고, 하나님이 안 된다라고 말씀하시는 것을 자주 강조하는 어떤 설교들은 이러한 소망과 믿음의 결여에 기여했다.

3) 도대체 좋은 소식이란 무엇인가?

만일 하나님이 일반적으로 기도에 응답하지 않고 오히려 고통을 받아들이고 참을 것을 원하신다면 도대체 좋은 소식이란 무엇인가? 만일 나의 친구라고 주장하는 사람이, 그가 나를 도울 수 있는 능력이 있으면서도 내가 고통받도록 내버려 둔다면, 그가 정말 나에게 관심이 있는지 의문을 품게 되지 않겠는가? 어머니의 사랑, 아버지의 사랑, 친구의 사랑을 나는 이해하고 있다. 하지만 하나님의 사랑에 대해서는 어떤가?

하나님은 성경 속에서 말씀하시기를 그의 사랑이 어머니(이사야 49장 15절)와 아버지의 사랑(마태복음 7장 11절)에 지난다고 하셨다. 그 놀라운 계시는 시내산 꼭대기에서 감히 가까이 오기를 거부하던 하나님이 아니다. 그분이 죄를 제외하고는 우리와 모든 것이 같은 인간이 되셨다는 것이다. 예수님의 사명은 우리와 고통을 나누시고 그리고 그것을 새로운 인생으로 바꾸어 놓으시며, 우리의 몸과 마음을 치유하는 것이었다.

그리스도로부터 영감을 얻어 우리는 아픈 사람들을 돌보고 그들이 회복되도록 인간적으로 할 수 있는 모든 것을 하는 것이 하나님의 뜻이라는 가정을 가지고 병원을 세웠던 것이다. 오로지 비그리스도교적 종교들만이 사람들을 길가에서 죽도록 내버려둔 채 그것이 운명이나 업보(karma)라고 믿고 있다. 이 숙명론 때문에 그들은 고통을 받는 곳을 지나치면서도 그냥 내버려 둔다. 그리스도인들은 적십자운동이 까밀루스(St. Camillus of Lellis)의 동점심을 통하여 설립되었다는 것과 많은 그리스도인 간호사들과 의사들이 아픈 이들을 치료하기 위하여 자신들의 삶을 내주고자 한다는 데 대하여 자부심을 느껴야 한다.

4) 왜 하나님의 뜻으로 받아들이라고 말하는 것일까?

그런데 왜 영적인 조언을 해주는 사람들은, 병원에 있는 사람들은 하나같이 환자들의 건강을 위하여 온갖 노력을 기울이는 데 반해, 보통 환자들에게 그들을 향한 하나님의 뜻으로 받아들이라고 말하는 것일까? 많은 사람들이 죽을 시간에 임박했을 때 하나님을 두려워하는 것도 이상할 것이 하나 없다. 하나님께서 환자의 친구들이나 친지들이 그가 회복되는 것을 보기를 원함으로 보여준 사랑과 같은 것을 치유를 통하여 보여 주시지 않았기 때문이다.

이러한 태도를 살펴보면, 일종의 영성적인 정신분열증이라고 할 수 있다. 그리스도인 의사들과 간호사들은 병든 이와 가난한 이를 도우라는 그리스도의 명령에 순종하여 환자들의 건강을 위하여 노력하고 있다. 반면에 설교자들은 환자들에게 십자가를 받아들여야 하는 것이 그리스도의 기본적인 메시지였다고 때때로 설득한다. 만일 그 환자가 인간적인 수고를 통하여 회복된다면 물론 좋은 일이다. 하지만 하나님은 어쩐지 우리가 구속받기 위하여 신비스럽게 고통을 받기를 원하시는 것처럼 묘사되는 것이다.

그래서 라틴 아메리카의 많은 지역에서 재난이나 질병이 발생했을 때, 사람들이 "그것은 하나님의 뜻입니다"라고 말하고 있다는 것이 조금도 이상한 일이 아니다. 건강을 되찾기 위하여 그들은 가는데, 하나님께 가는 것이 아니라 꾸란데로(curandero), 곧 주술사에게로 가서 회복을 위하여 기도하는 것이다. 따라서 역할이 뒤바뀐 것이다. 사람들은 하나님을 마치 이교의 신처럼 고통을 통하여 달래야 할 분으로 대하는 반면, 치유를 위해서는 영들과 귀신들의 세계로 돌아가는 것이다.

우리는 하나님이 예수 그리스도 안에서, 그분을 통해서 계시해 주신 비전으로 돌아가는 것이 절대적으로 필요하다. 자비롭고, 사랑이 많으며 체휼하시는 하나님으로서 우리를 일으켜 세우시고 악한 세상에 의해 부서져 내린 우리들을 온전케 하시는—그것이 우리가 죄를 지어 용서가 필요한 것이든, 병들어 신체적인 치유가 필요한 것이든 간에—하나님에 대한 비전 말이다. 현재에도 하나님의 나라는 우리 가운데 있어, 구원하시고, 치유하시며, 악의 왕국을 분쇄하고 계신다.

간단히 말해서, 예수 그리스도 안에서 볼 수 있도록 나타난 하나님의 성품은 사랑이다. 예수님은 자기 자신의 최대 관심사와 정면으로 배치됨에도 불구하고 아픈 사람을 볼 때마다 앞장 서서 다가가실 정도로 긍휼이 많으신 분이었다. (그분이 안식일에, 전혀 검증절차도 없이, 치유를 베풀었을 때, 그것은 그 당시 사람들에게 자신이 메시야가 아님을 보여주었다.) 예수님의 치유 사역들은 베드로가 고넬료의 집에서 설교할 때 예수님의 생애를 요약하는 가운데 그분의 설교에 대해서는 아무런 언급도 하지 않고 대신 다음과 같이 말했을 정도로 베드로의 마음에 중요했다:

> 여러분이 아시는 대로, 이 일은 요한의 세례 사역이 끝난 뒤에, 갈릴리에서 시작하여서, 온 유대 지방에서 이루어졌습니다. 하나님께서 나사렛 예수님께 성령과 능력을 부어 주셨습니다. 이 예수님은 두루 다니시면서 선한 일을 행하시고, 마귀에게 억눌린 사람들을 모두 고쳐 주셨습니다. 그것은 하나님께서 그분과 함께 하셨기 때문입니다. 우리는 예수님께서 유대 지방과 예루살렘에서 행하신 모든 일의 증인입니다(사도행전 10장 37-39절; 이탤릭체는 첨가).

이 말을 한 다음에, 베드로는 예수님의 십자가에 못 박힌 것과 죽음 그리고 부활에 대하여 말한다. 하지만 그는 예수님의 생애를 그가 무엇을 말씀하셨는가보다는 그가 무엇을 하셨는가의 관점에서 요약하였다.

예수님은 하나님의 나라를 설교를 통해서는 물론 치유의 능력을 통해서 세우셨기 때문이다.

그러므로 예수님의 치유는 복음의 핵심이다. 이것을 부인하는 것은 복음을 부인하는 것이다. 복음의 좋은 소식을 좋은 충고따위로 뒤바꾸어 놓는 것이다. 거기에는 우리를 새로운 피조물로 변화시키는 능력이 없다. 간단히 말해서, 예수님은 하나님이심을 증명하기 위하여 사람들을 치유하신 것이 아니다. 하나님이셨기 때문에 그들을 치유하신 것이다.

8
이런 믿음은 치유받아야 한다

치유에 관한 모든 책—치유에 관한 '바로 그' 책, 신약성경을 포함하여—은 치유와 관련하여 믿음의 역할을 강조하고 있다. 예수님은 끊임없이 이렇게 말씀하셨다:

> 평안히 가거라, 네 믿음이 너를 낫게 하였다.

예수님은 우리에게 최고 수준의 강한 믿음—어떠한 의심이나 주저함도 용납하지 않는 믿음—을 요구하셨던 것이다.

> 예수님께서는 그들에게 말씀하셨다: "하나님을 믿어라. 내가 진정으로 너희에게 말한다. 누구든지 이 산더러 '번쩍 들려서 바다에 빠져라' 하고 말하고, 마음에 의심하지 않고 말한 대로 될 것을 믿으면, 그대로 이루어질 것이다. 그러므로 나는 너희에게 말한다. 너희가 기도하면서 구하는 것은 무엇이든지, 이미 그것을 받은 줄로 믿

어라. 그리하면, 너희에게 그대로 이루어질 것이다"(마가복음 11장 22-24절, 이탤릭체는 첨가).

이것이야말로 거의 믿기 어려운 주장이다! 그럼에도 우리는 그것을 믿기를 요청받고 있다. 우리는 간구한 것이 무엇이든지 이미 받은 줄로 믿는 데 어떤 주저함이 있어서는 안 된다. 이러한 강한 주장이 복음서 안에서는 희귀한 것들이 아니라는 것은, 아무리 복음서를 대충 읽는다 해도 발견된다. 우리의 필요를 위하여 하나님께 아뢰는 데서 믿음은 신약성경의 공통된 주제 가운데 하나다.

결과적으로, 많은 전도자들이 치유를 위하여 필요한 조건으로 꼭 믿음을 강조하고 있다. "믿음을 가지십시오"라고 그들은 말하면서, "그러면 낫게 될 것입니다"라고 한다. "'그가 채찍에 맞음으로 우리가 나음을 입었도다.' 여러분은 성경의 이 말씀을 믿습니까? 만일 그렇다면 그 약속을 붙잡으십시오. 그러면 여러분은 낫게 될 것입니다"라고 한다.

절대적인 믿음과 함께, 모든 그리스도인은 치유사역의 또다른 측면을 받아들이고 있다. 그것은 죄의 용서로서, 사람은 거기에 상응하는 조건을 제공해야 한다는 것이다. 곧 회개다. 그런데 똑같이 강한 믿음을 가지고 어떤 복음 전도자들은 사람이 필요한 조건, 곧 믿음을 갖춘다면, 신체적인 치유가 언제나 일어날 것이라고 강조한다.

죄의 치유와 질병의 치유라는 두 경우에서, 설교자들은 똑같은 기본 원리를 강조한다. 그리스도가 십자가에서 우리를 위하여 이러한 모든 축복들을 이루어 놓으셨다. 우리가 해야 할 것은 구속의 열매들을 우리 자신의 삶에 적용시키는 것뿐이다.

그분은 몸소 우리의 병약함을 떠맡으시고, 우리의 질병을 짊어지셨다(마태복음 8장 17절).

하지만 거기에는 한 가지 문제가 생긴다. 모든 그리스도인이 죄의 용서는 언제나 일어난다고 믿지만, 신체적인 치유는 언제든 일어나는 게 아니라는 걸 보게 된다는 사실이다. 용서는 우리 눈으로 볼 수 있는 어떤 것이 아니지만, 치유는 그렇다. 소경은 보게 되든지 아니면 보지 못하든지 둘 중의 하나이다. 불구자는 걷게 되든지 아니면 휠체어에 그대로 앉아 있든가 해야 할 것이다. 모든 불구자가 기도로 걷게 되지 않는 이상, 어떻게 우리가 죄의 용서를 위하여 우리가 기도할 때와 동일한 믿음을 가질 수 있겠는가? 어떤 것이 일어날 것이라고 우리는 믿어야 하는가? 우리에게 필요한 것은 어떤 종류의 믿음이겠는가?

1. 우리에게는 어떤 믿음이 필요한가?

이러한 믿음에 대한 전체적인 문제를 지혜롭게 다루기 위하여 그리고 너무 단순화시켜 사람들의 믿음을 돕기보다 해를 주는 일을 피하기 위하여 사람들이 치유에 대해 갖고 있는 믿음의 네 가지 기본적인 태도를 묘사하는 것이 좋을 것 같다.

1) **치유는 단지 우리 인간의 책임일 뿐이다.**

그리스도인들 가운데 자연적인 방법들의 사용과 이차적인 원인들(암시의 능력을 포함하여)은 인정하지만, 하나님의 직접적인 치유의 능력은 믿지 않는 이들이 많다.

예를 들어, 치유의 기적들을 조소하는 루이스 에블리(Louis Evely)의 글을 인용해 보자:

예수님은 기적들을 종교의 범위 밖에 두셨던 것처럼 보인다. 인간은 모든 종류의 부와 권력을 통하여 자신의 상황을 좀더 낫게 하려는 희망을 멋대로 갖지만 하나님은 우리에게 그분이 십자가에서 그 자신의 죽음을 받아들였듯이 사랑을 통하여 그리고 그러한 상황을 기꺼이 받아들임으로 상황을 개선해 나갈 것을 가르치셨다. 기적적인 놀라운 재주나 사람들을 단지 두렵게 하든지 또는 호기심을 불러일으키는 흥분된 현상보다 하나님께 더 생소한 것은 없다.

인류가 진보한다는 이론을 받아들이고 과학적 방법 및 기술력이 발전한다는 이론을 받아들인다면, 그리스도에 의해 계시된 종교는 완전히 인간적이었고 완전히 신적인 것이었음이 더욱 분명해지게 된다—인간 본성에 위배되는 기적을 주장하는 낡은 종교가 아니라 인내하는 사랑과 책임을 강조하는 종교말이다.

만일 실제로 살아 있는 기적이 있다면, 그것을 가능케 해야만 하는 것은 바로 우리 자신이다. 인간은 자기 마음대로 할 수 있는 무한한 자원을 가지고 있다.

분명 이러한 자기 만족적인 태도는 치유를 위한 기도사역의 어떤 필요도 보지 못하고 있으며, 단지 그러한 기도가 우리 자신의 운명에 대한 책임을 받아들이는 것으로부터 우리를 차단시키는 착각을 연장시키는 것으로 간주한다.

2) 치유는 일어날 수 있지만 특별한 것이다.

치유에 대한 이러한 태도는 많은 그리스도인들(특히 로마 가톨릭 신자들)의 믿음을 대변해 준다. 여기에는 분명히 치유의 기적을 행할 수 있는 하나님의 능력에 대한 믿음이 있다. 하지만 거기에는 이러한 치유를 당연한 일로 행하시고자 하는 하나님의 소원에 대한 의심이 있다. 이러한 관점에서 볼 때, 기적들은 예외적인 것으로—그것들은 무엇인가 특별한 것(가령 어떤 성인의 거룩함 같은)을 증명하는 것이다. 따라서 그것들은 희귀하게 일어나는 것이다. 사실 만약 기적들이 일상적인 것이 되어야 한다면, 그것들은 예외적인 표적으로서의 가치를 상실하게 될 것이다.

이러한 관점에 따르면 하나님의 일반적인 뜻은 아픈 이들이 그들의 고통을 십자가의 수준까지 끌어올려야 한다. 그러한 수준에서 그들은 아픔을 받아들이는 것을 배워야만 되지 그것을 회피하려고 해서는 안 되는 것이다. 사람들은 오로지 그들의 영적인 진전을 가져오게 될 것만을 간구해야만 하는 것이다. 따라서 고통이 구속적인 가치를 가지고 있는 한, 우리는 아픔으로부터 해방되기를 기도해서는 안 된다. 오히려 십자가로 이르는 지름길을 추구해야 한다.

그 결과, 아픈 이는 치유를 위하여 기도하는 것을 격려받지 못한다. 그들이 십자가의 공로를 잃어버리지 않도록 하기 위함이다. 그러한 상황은 마치 축구시합과 어떤 점에서 흡사한다. 상처를 입더라도 그 고통이 참을 수 없을 만큼 되지 않는 한, 선수는 될 수 있는 대로 오래 팀을 위하여 경기해야 한다. 이같이 시합에서 **빼내** 달라고 요청하는 선수처럼 아픈 사람은 고통을 그치게 해달라고 간청하는 것에 대해 죄책감을 느끼게 되는 것이다.

나는 예를 들어 발가락이 곪는 것 같은 작은 상처들의 치유를 위하여 기도하려고 하지 않는 사람들을 자주 만나게 된다. 그들은 그런 간구가 무가치하다고 느끼기 때문이다. 하지만 바로 그런 사람들이 치료를 위해서는 의사를 찾아간다. 만일 사람들이 기도하는 데 이런 태도를 견지하게 된다면, 그들은 자신들의 이익을 구하는 것에 따라 오염되었다고 두려워하는 그들의 간구에 하나님이 응답해 주시리라는 것을 일반적으로 의심하게 된다.

경험은 그들로 하여금 자신들이 스스로 성취시키는 다음과 같은 예언을 믿게 만든다:

> 아무 것도 기대하지 않는 이들은 복이 있나니, 그들은 실망하지도 않을 것이다.

3) 치유는 원칙적으로 평범하게 일어나는 것이나, 언제나 일어나는 것은 아니다.

이것은 내 믿음이다. 하나님의 일반적인 뜻은 우리가 온전하게 되는 것이라는 것이다. 보통 우리는 아플 때보다 건강할 때 하나님께 힘있게 영광을 돌리게 된다. 그러므로 우리는 치유에 대한 확신을 가지고 하나님께 기도할 수 있어야 하고 또한 기도해야만 하는 것이다.

하지만, 예외가 있다; 때때로, 질병은 하나님의 나라를 위하여 좀더 높은 차원의 선(善)을 지향하고 있다. (다른 이유들도 많이 있긴 하지만, 그것은 나중에 다루기로 한다.) 결론적으로 말하자면, 믿음이 있는 곳이라고 할지라도, 치유가 늘 일어나는 것은 아니다.

4) 만일 믿음이 있다면, 치유는 언제나 일어난다.

내가 생각하기에, 이러한 종류의 절대적인 믿음은 성경을 문자적으로 받아들이고 치유에 대하여 매우 단순한 교리를 내보이는 사람들에 의해 가장 강력하게 예증되고 있다. 이러한 가르침의 전형적인 예는 다음에 나오는 한 유명한 전도자의 글을 보면 알 수 있다:

믿는 이라면 모두가 아픈 이들에게 주기 위한 하나님의 말씀을 취할 수 있어야 하며 그리고 그들에게 그 말씀을 펴서 성경이 이야기하고자 하는 바를 들려줄 수 있어야 한다.

만일 그 사람들이 하나님의 말씀을 받아들인다면, 그들의 마음에는 믿음이 생기게 될 것이다. 당신이 말씀을 사람들에게 펴 보여주게 되면, 그들은 그 말씀이 "그가 채찍에 맞음으로 우리가 나음을 입었도다……"라고 말하는 것을 보게 될 것이다. 아픈 이들에게 말씀을 펴서 보여주어라. 만일 그들의 마음이 열린다면, 그 말씀이 그들의 마음을 통과하여 영혼 깊숙이 이르게 될 것이다.

그들이 그것을 묵상하게 됨에 따라 그들은 말씀에 적힌 대로 그분이 채찍에 맞음으로 내가 나음을 입었다는 것을 보게 될 것이다.

만일 그 사람들이 하나님의 말씀에 의존하여 행동하게 된다면, 그들은 외부사람들이 그들에 대하여 무엇을 말하든지 무시하게 될 것이다. 몸은 그들에게 통증이나 고통과 같은 증상들이 아직 있다고 호소할지 모른다. 하지만 자연적이고 인간적인 믿음을 따라 걷는 대신에 성경적 믿음을 따라 걸으라. 나는 의사들이 결코 치유될 수 없다고 말하는 사람들을 본다. 그러나 내가 말씀을 그들에게 열어 보여줌에 따라 그들이 여전히 모든 증상들이 그대로 있음에도 "나는 다 나았다……"라고 말하는 것을 보았다.

나는 그들에게 "어떻게 당신이 그것을 아는가?"라고 물었다. 그들은 말하기를 "하나님 말씀에 '그가 친히 우리의 약함과 질병을 담당하셨다'고 했기 때문입니다"라고 한다.

그러한 사람들은 살았고 건강하다. 어쩌다 그들 가운데 한 명만 그런 것이 아니라 그들 가운데 많은 사람이 그렇다. 그들은 어떠한 질병도 없이 건강하게 살고 있다. 그들이 믿음으로 행동하고 그들의 신앙을 고백했을 때에도 그들은 전에 가졌던 증상들을 그대로 가지고 있었다. 의학적인 견지에서는 그들의 상황이 여전히 치유 불가능이었다. 그런데 무슨 일이 일어났는가? 그들은 그들의 마음을 신뢰했던 것이다.

이것은 의심할 여지 없이 믿음에 대한 강력한 주장으로 실제적인 도전을 준다. 하지만 의문들은 남는다. 여전히 질병의 증상들이 나타나고 있는 사람들에게 줄 수 있는 유일한 답변이 그들에게 보다 많은 믿음이 필요하다는 것일까? 일례로, 한 젊은 부부가 이러한 치유에 대한 최고의 절박한 믿음을 따라 살려고 하지만, 그들에게는 문제가 있다.

팻과 나는 우리의 새로운 가정에 질병을 인정하지 않았다. 우리는 믿음과 성경이 그것을 몰아낼 수 있으며 예수께서 우리를 위하여 질병을 담당하셨음을 알기 때문이다. 그런데 왜 성령충만한 그리스도인들이 때때로 심각한 질병에 걸리게 되는 것인가? 어떤 목사님을 추종하던 여가수는, 병원에서 끝내 치료를 거부하였다고 한다. 그 여자는 자신이 병들었다고 믿지 않았던 것이다. 그래서인데 왜, 어떻게 이런 일이 일어나는 것인가?
우리는 치유에 대해 적극적으로 가르칠 수가 없기에 "만일 이것이 주님의 뜻이라면" 이라고 말을 끝맺곤 한다. 그런데 사실 그것은 믿음이 아니라고 생각한다. 내 생각에 성경은 믿음 안에서 순종해야 할 법칙들을 가지고 있으며, 거기에는 어떤 종류의 "아마도" 가 없다고 본다. 성경 안에도 불확실한 부분이 있는 것인가?
또 한 가지 궁금한 것은 우리에게 동물들을 다스릴 권세도 있는가 하는 것이다. 우리 집 고양이가 정말 우리가 짜증이 날 만큼 기침을 심하게 하였다. 우리는 그 위에 안수하며 기도했고, 악한 영들을 쫓아내는 일도 해보았다.

가축병원은 진료비도 비싸다. 그리고 우리가 우리 삶 속에 질병을 인정치 않을 것이라면 우리 고양이의 생활 속에도 그러한 것을 인정할 필요가 없지 않겠는가?

이러한 문제들은 인생에 허다한다. 치유에는 믿음이 요구된다는 이론에 따르는 정말 어려운 점은 그것이 근심으로 우리를 이끌어 가기도 하고-그렇지 않으면 어떤 경우에는 치유에 대한 전체 생각을 믿을 수 없거나 고통하는 인간의 현실에 반대되는 것으로 거부하게 만든다는 것이다. 그래서 감히 질문하는 사람들에게 영광스러운 치유사역이 믿을 수 있는 것이 되게 하기 위하여 명확하게 중요한 특성들을 분명히 하는 것이 필요하다. 그것은 단지 이 사역이 어떤 이에게 믿을 수 있는 것이 되게 하기 위한 문제만은 아니다. 그것은 또한 현실 그 자체의 문제인 것이다. 우리는 어떻게 그리스도인들의 질병에 대하여 설명할 수 있을까?

내가 모든 답변을 가지고 있는 척하지는 않겠다. 오히려 그와는 달리, 나는 욥과 같이 고통과 연관된 치유의 신비 앞에 겸손히 머리를 숙이며 "그리고 이제 우리 신앙의 신비를 선포하도록 합시다"라고 말할 수 있을 뿐이다. 하지만 거기에는 우리가 말할 수 있는 몇 가지 뚜렷한 특징들이 있다. 그것들은 자주 치유를 위한 전제조건이 되는-언제나 그런 것은 아니지만-믿음의 성격이 어떠한 것인가를 우리로 알도록 도움을 줄 것이다.

2. 치유를 위한 믿음의 특징

1) 내 믿음은 하나님 안에 있는 것이다

내 믿음 안에 있는 것이 아니다 —나의 믿음은 내 믿음 안에 있는 것이 아니라, 하나님 안에 있는 것이다. 이 말은 너무 명백한 것 같다. 아마도 그것은 명백한다. 하지만 만일 치유를 위하여 기도하는 모든 사람들이 이 말의 의미를 정말 이해하고 있다면, 우리는 현재 치유사역 안에서 발견되는 많은 문제점들을 분명히 해결할 수 있을 것이다.

나의 믿음은 하나님 안에—그분 자신의 약속에 대한 그분의 신실하심 안에, 그분의 지혜 안에, 그분의 능력과 그분의 선하심 안에 있는 것이다:

(1) 하나님의 신실

나의 기도를 들으시고 응답하시겠다는 약속에 대해 그분이 신실하다는 것을 믿기에 나는 하나님이 나의 기도에 응답하신다는 것에 대한 절대적인 신뢰가 있다—내가 그 결과를 보든지 그렇지 못하든지.

(2) 하나님의 지혜

나의 지혜를 초월하는 그분의 지혜 때문에 내가 종종 이 특수한 개개인을 위한 치유의 기도에 얽힌 모든 동기와 상황을 이해할 수 없다 할지라도 나는 그분의 이해를 신뢰한다. 나의 무지 때문에 가끔 잘못된 것을 기도하거나 또는 잘못된 방법으로 기도하기도 하고, 그래서 내가 마땅히 그러리라 예상했던 결과를 보지 못하는 적이 있다. 그러나 이러한 것들은 하나님께서 그 지혜 안에서 최상의 것을 보고 계신다는 것을 증명해 줄 것이다.

(3) 하나님의 능력

나는 하나님께서 모든 것이 가능하다는 것을 믿다. 그리스도인의 기도의 영역에 있어 불가능한 것이란 없는데 심지어 죽은 자가 다시 사는 것도 그렇다.

(4) 하나님의 선함

나는 하나님의 선하심을 믿기에 나는 모든 것 속에 반영된 그분의 사랑을 보려고 노력한다. 치유를 위한 나의 기도에 응답하여 무엇이 되었든간에 궁극적으로는 가장 최상의 사랑스러운 일이 벌어질 것이다.

그러나 나의 믿음은 내 믿음 안에 있지 않다. 나의 믿음의 질적 수준을 일단 보게 되면 나의 믿음은 의심에 빠지게 된다. 가령, 한 눈먼 사람이, 그것도 눈이 있어야 할 그 구멍에 안구조차 없는 사람이 기도를 요청하러 내게 나아온다면, 이러한 사람의 치유를 위하여 요구되는 믿음을 내가 가지고 있을지 모르겠다. 이쯤 되면 우리 중 대부분은 의심을 받아들이게 될 것이다.

이처럼 하나님을 바라보기보다 우리가 일단 우리 믿음을 보게 되면, 우리는 우리 자신의 부족함에 집중하게 된다. 어떠한 의심도 가지고 있지 않다고 주장하는 사람들 중에는 때때로 그들이 기도를 해주는 사람들보다 더욱 치유가 필요한 것처럼 보이는 사람들도 있다.

그들은 자신들의 사역을 검토해 보고 왜 그들이 언제나 성공하지 못하는가에 대해 실제적인 질문을 던지는 대신에, 그들은 치유되지 않는 질병의 죄책감을 그들이 기도해 주는 사람들의 믿음의 부족으로 단순하게 떠넘겨 버린다.

요약하면, 나의 믿음은 하나님의 치유하시는 능력과 그분의 치유하고자 하시는 소원에 대하여 조금도 의심하지 않는다는 것이다(하나님은 전혀 치유하시지 않는다거나 또는 특수한 상황에서만 하신다고 느끼는 사람들과는 달리). 그러나 내가 어떤 주어진 사람을 위하여 올바르게 기도할 수 있도록 요구되는 모든 상황에 대해 알고 있는지에 대해서 나는 의심할 수 있다.

이 상황에서 내가 이해하지 못하는 어떤 것이 있는가? 아주 빈번히 그러는데 나는 적어도 부분적으로는 이해하지 못하곤 한다. 결과적으로 나는 언제나 내가 기도해 주는 사람이 회복될지를 알 수 없다. 주님께서 나에게 그 상황에서 필요한 모든 상세한 부분까지 보여주시지 않는 한, 이번에 치유가 일어날지 대해서 나는 그저 알 수가 없는 것이다.

이것은 내가 믿음이 부족해서일까? 나는 그렇다고 생각지 않다. 그것은 단지 내가 인간이기 때문이다. 나의 믿음은 하나님 안에 있지 내 자신의 능력 안에 있지 않으며 심지어 내 자신의 믿음 안에 있는 것이 아니다.

그럼에도 불구하고, 치유를 믿고 있는 내가 만난 사람들 가운데 다수가 그들의 인간적인 의심에 대하여 죄책감을 느끼고 있음을 본다. 그들은 "당신은 치유받을 만한 믿음이 있는가?"라는 도전을 듣게 될 때 자신의 내면을 살핀다. 하나님의 능력과 선하심을 절대적으로 신뢰하는 대신에 그들은 자신들이 의심으로부터 완전히 자유로워졌는가를 내심 조사하는 것이다. 그러면 십중팔구 대답은 부정적인 것이 나오게 마련이다.

거기서부터 고통스러운 갈등이 야기되고, 죄책감을 느끼게 된다. 자신들의 의심을 검토하면 할수록, 그것은 더욱 커지게 된다. 의심하는 지점을 통과하기 위한 투쟁 속에서 그들은 자신들의 진실한 감정을 억누름으로 그것을 끝내려 한다. 하지만 그들이 그것과 씨름하면 할수록 번민은 더욱 깊어진다.

그들이 마침내 강력한 의지력을 사용하여 의심에서 그럭저럭 헤어나온다고 해도, 저변에는 여전히 의심의 소용돌이가 치고 있는 것이다. 그러나 믿음은 선물이지 우리 자신의 노력으로 획득할 수 있는 것이 아니다. 감리교 성경학자인 보거 밴 던(Bogar Van Dunne)이 한 세미나에서 말했다:

개신교는 구원을 위하여 행위를 신뢰하는 가톨릭 사상을 거부함으로 시작되었다. 그러나 오늘에 이르러 어떤 개신교인들에게는, 믿음은 자신들이 노력하여 성취해야 하는 어떤 행위가 되어 버렸다.

이러한 믿음을 "성취하기" 위한 노력은 나로 하여금 내가 테니스 시합에서 시작했을 때 자주 일어나는 현상을 상기시켜 준다. 나는 과도하게 긴장하기 시작한다. 자신감을 다시 얻기 위하여 점수를 올리는 볼을 넣으려고 더욱 세게 때린다. 또한 빠르고 강한 서브로 점수를 얻기 위하여 더욱 강한 서브를 넣는다. 하지만 정작 일어나는 일들은 내가 더욱 자주 공을 코트 밖으로 쳐내 보내게 되고, 첫 번째 서브를 실수하는 것이다. 나의 긴장된 노력은 게임을 더욱 나쁘게 몰아간다. 그래도 나는 더욱 열심을 낸다. 나의 파트너에게 혹은 내 자신에게 조금 더 힘을 내 보자고 말한다. 낙심되는 마음을 새롭게 하기 위하여 나는 더 빨리 뛰어 보기도 한다. 하지만 나는 계속 지기만 하는 것이다. 나의 노력은 나의 운동신경의 부족을 메꿀 수 없는 것이다.

비슷한 현상을 나는 기도 그룹 안에서 보게 된다. 사람들은 패배에 직면하여서(곧 그들이 기도하는 사람에게서 변화가 보이지 않게 될 때) 더욱 크고 빠르게 기도하는 것이다. 그들은 그 사람을 더욱 세게 누르고, 더욱 강한 믿음을 가지라고 권면한다. 하지만 그들은 그 아픈 이의 믿음을 증진시키지 못한다. 그들의 노력으로 그들의 믿음이 중심을 벗어났다는 사실을 메꿀 수는 없다.

이러한 불안한 접근방법은 아주 커다란 해악을 범할 수 있다. 치유되지 못한 사람들은 그들이 마땅히 가져야 할 만큼의 믿음을 갖지 못했다는 인상을 받고 가거나, 또는 하나님께서 사랑하셔서 분명하게 치유해 주신 사람들만큼 하나님께서 그들을 사랑하시지 않는다고 생각하게 된다. 그들은 요한복음에 있는 나면서부터 소경 된 사람과 자신을 동일시하게 된다. 그 사람은 제자들(바리새인들이 아니라)에 의해 논쟁거리가 된 사람이다.

> 선생님, 이 사람이 눈먼 사람으로 태어난 것이, 누구의 죄 때문입니까? 이 사람의 죄입니까? 부모의 죄입니까? (요한복음 9장 2절).

나는 어떤 큰 기도모임에서 만났던 한 부인을 기억한다. 그녀는 의사의 치료를 받지 말고 그녀 자신의 증세(일종의 간질병에 사로잡히는)를 무시하라고 조언받았던 사람이었다. 그 기도모임 중 그녀에게 발작이 일어났다. 그녀가 전에 받았던 조언은 이제는 단지 더 큰 불안을 초래하여 잠못 이루는 밤이 많아지게 했으며, 그 결과로 저항력을 떨어뜨려 더욱 자주 발작을 일으키게 만든 것이다. 그녀의 믿음을 증진시키는 것과는 거리가 멀게도 그 여자가 받았던 그 조언은 사단의 공격에 저항하기 위한 믿음이 결여되었기 때문이라고 그녀 자신을 단지 비난하도록 이끌어 주었을 뿐이다.

만일 우리가 오직 하나님만이 우리 기도의 응답에 책임지시는 분이라는 것을 진실로 믿는다면, 그때 우리는 우리 자신의 영역, 곧 기도는 하고 그 결과는 하나님께 맡길 수 있을 것이다.

땅끝선교회(Camp farthest Out)의 창시자인 글렌 클라크(Glenn Clark)는 하나님의 은혜를 간구하는 것을 암탉이 계란을 부화시키는 것에 비교하곤 했다. 여러분은 계란을 암탉 밑에 집어넣고 21일 동안 내버려 두어야 한다. 만일 여러분이 계란을 관찰하기 위하여 밖으로 끄집어낸다면, 여러분은 전체 과정을 방해하는 것이 된다. 그것은 여러분의 초조함을 덜어주는 데는 도움이 될지 모르지만, 한편으로 그 계란을 죽이게 되는 것이다. 그는 묻기를 왜 우리는 늙은 암탉을 신뢰하는 것만큼도 하나님을 신뢰하지 못하는가라고 했다.

클라크는 또다른 은유를 사용하곤 했다:

> 여러분이 구두 밑창을 고치기 위하여 구두수선공에게 갔을 때, 그것을 맡겨두고 나와야 하지 않는가? 그렇지 않고서야 어떻게 구두수선공이 그것을 수리할 수 있겠는가? 마찬가지로 만일 우리의 문제들을 우리가 부등켜 안고 있다면, 어떻게 하나님께서 우리의 문제들을 해결할 수 있으시겠는가? 그렇다. 기도에서 가장 큰 문제는 어떻게 "하나님께 맡기는가" 하는 것이다.

내가 의심을 억누르고 내 믿음을 가지려고 노력하게 될 때, 나는 하나님 중심적이 되기보다는 인간 중심적이 되어 버린다. 나는 꼼꼼하게 내 자신의 의심과 두려움을 살펴보게 되고 끝내는 그것들에 대해 죄책감을 느끼게 된다. 그때 나는 그것들을 내 자신의 의지력으로 없애려고 시도한다. 그것은 내 자신에게 나를 죽이고 하나님을 중심에 놓으려고 하는 듯이 보일는지 모른다. 하지만, 실제에서 나는 정반대의 일을 하고 있는 것이다. 나는 내 자신 안에 믿음을 창조해 내려고 노력하고 있는 것이며, 믿음이 하나님으로부터의 선물임을 망각하고 있는 것이다.

빈번하게도 이러한 종류의 접근방법은 하나님께 대한 확신과 신뢰를 창출해 내는 것과는 달리 두려움과 무력감으로 끝나게 된다. 이러한 혼동에 대한 좋은 예를 내가 받았던 한 편지에서 찾을 수 있다.

> 제가 커다란 신체적 치유를 위한 도구로 사용될 때 나는 두려워 죽을 지경입니다. 그러한 것을 표현할 방법은 없습니다. 하지만 우리 공동체 안에서 일어났던 두 가지 예를 들어보겠습니다. 저는 부분적으로는 제 믿음의 부족 때문에 부목을 짚고 서 있다고 느낍니다.
> 지난 수요일에는 어떤 눈먼 남자가 큰 믿음 가운데 우리 집회에 참

8. 이런 믿음은 치유받아야 한다 • 159

석하였습니다. 우리는 그 남자를 위하여 기도했습니다. 저는 주님께서 그를 치유하실 수 있다는 것을 믿었지만, 동시에 그가 낫지 않으면 어떻게 하나 두려웠습니다. 저는 공동체로서 우리 믿음의 부족으로 말미암아 이 남자가 보지 못하는 것이라고 느낄 수밖에 없었습니다.

저는 이에 대해 기도했고 요한일서 5장 15절("우리가 무엇을 구하든지 하나님이 우리의 청을 들어주신다는 것을 알면, 우리가 하나님께 구한 것들은 우리가 받는다는 것도 압니다.") 말씀이 떠올랐습니다. 그래서 저는 주님께서 제 두려움을 물리쳐 주시기 원하신다는 것을 알았습니다.

어떻게 저는 이러한 문제에 처하여 저의 믿음을 강화시킬 수 있을까요? 제게는 예수님의 능력에 대한 믿음이 부족한 것이 아니라 그분께서 저를 도구로 사용하신다는 것에 대한 믿음이 부족한 것입니다. 저는 예언을 위하여 사용받는 것에 대해서는 어떤 불안도 없습니다. 저를 치유처럼 두렵게 하지는 않기 때문입니다. 왜 그럴까요?

나는 이 편지를 쓴 분이 치유에 관하여 받은 가르침에 잘못이 있었다고 말씀드리고 싶다. 그녀는 자신이 "이 남자는 이번에 낫게 될 것입니다"라고 말할 수 있어야만 한다고 믿고 있다. 그런데 그 여자가 그렇게 말할 수 없기 때문에—정직하게 표현하자면 그녀는 할 수 없었던 것—죄책감을 느끼고 있는 것이다. 이것은 그녀로 하여금 치유를 위한 기도를 하지 못하도록 만들고 있다.

만일 내가 이 특정한 소경이 된 남자가 지금 곧바로 치유될 것이라고 내 자신을 믿게 할 수 없다면, 그것이 하나님의 약속에 대한 내 믿음이 없다는 의미일까? 아니다. 그것은 단지 이 상황에 얽혀 있는 모든 요소들을 하나님께서 나에게 보여주시기로 선택하시지 않는 한 내가 믿음이 부족하다고 볼 수는 없다.

믿음이란 결국 나의 믿음 안에 있는 것이 아니라 하나님 안에 있는 나의 믿음—곧 그분의 선하심과 지혜, 나의 기도를 변함없이 들으시고 응답하신다는 믿음 안에 있는 것이다. 이러한 믿음을 지나쳐서 주장한다는 것은, 어떤 주어진 사람이 낫게 되리라는 특별한 계시가 없는 한, 그것은 우리 자신이 하나님의 역할을 하려는 허위에 떨어지게 되는 것이다.

그래서 믿음 안에서 기도하는 길은 다음과 같다:

(1) 하나님께서는 무엇이 최선이라는 것을 알고 계시며, 그분은 어떤 누구보다 우리를 사랑하시고, 우리가 필요로 하는 것은 무엇이나 성취시킬 수 있는 능력을 가지신 분이라는 하나님에 대한 완전한 신뢰를 갖는 것.

(2) 우리 자신의 부족함과 우리가 기도한 후에 어떤 일이 일어날 것인가에 대한 우리들의 의심을 정상적인 것으로 받아들일 것.

(3) 우리가 취할 필요가 있는 믿음의 행동은 아픈 이를 위하여 기도하는 것(기도 중에 우리에게 주어진 인도가 이것을 지시할 때)이라는 것을 아는 것.

(4) 결과는 하나님께 맡겨드리는 것. 보통 우리는 우리가 기도해 준 사람의 결과를 증명하기 위하여 그 사람을 추적할 필요가 없다.

2) '믿음의 은사' 는 믿음의 미덕과 같지 않다.

모든 그리스도인에게는 믿음이 주어졌다—내 생각에, 믿음은 앞에서 언급했던 종류의 확신을 내포한다! 하나님의 신실, 하나님의 지혜, 하나님의 능력과 사랑에 대한 믿음 말이다. 나에게는 이러한 종류의 믿음은 치유에 관한 믿음을 포함해야 한다고 본다. 이러한 믿음은 모두에게 하나의 선물이다. 그러나 그것이 선물(gift)이라고 하더라도, 바울이 열거하였던 것처럼 공동체 구성원들 가운데 단지 '몇몇' 지체들에게만 주어지는 그런 은사들(gifts) 가운데 하나, 예컨대 '믿음의 은사' 같은 것은 아니다:

> 어떤 사람에게는 성령을 통하여 지혜의 은사를 주시고, 어떤 사람에게는 같은 성령을 따라 지식의 은사를 주십니다. 어떤 사람에게는 같은 성령으로 믿음의 은사를 주시고, 어떤 사람에게는 같은 성령으로 치유의 은사를 주십니다(고린도전서 12장 8-9절; 옮긴이의 사역).

그 다음 장에서 바울은 이러한 특별 은사들에 대하여 다시 언급하면서 이렇게 덧붙였다:

> 또 산을 옮길 만한 모든 믿음을 가지고 있을지라도, 사랑이 없으면, 아무것도 아닙니다(고린도전서 13장 2절 하반절).

그 산을 옮기는 믿음이란 분명히 예수님의 다음과 같은 주장에 대한 인용이다:

> 누구든지 이 산더러 '번쩍 들려서 바다에 빠져라' 하고 말하고, 마음에 의심하지 않고 말한 대로 될 것을 믿으면, 그대로 이루어질 것이다(마가복음 11장 23절).

이러한 '믿음의 은사' 또는 충만한 믿음은 모든 그리스도인들에게가 아니라 몇몇 그리스도인들에게만 주어지는 것이다. 내가 이해하기로 '믿음의 은사'는 사역의 은사로서 하나님께서 우리가 확신있게 기도하고 그리고 주어진 하나님의 의지를 "우리 마음에 어떤 주저함도 없이" 받아들일 수 있도록 돕기 위하여 주어진 것이다.

이러한 확신은 어떤 주어진 상황에서 하나님이 자신의 뜻을 나타내 보여주심으로만 가질 수 있는 것으로, '지식의 말씀'(word of knowledge)의 은사는 '믿음의 은사'와 밀접한 관계가 있다. 지식의 말씀을 통하여 하나님은 기도하는 사람(들)에게 어떤 특정한 사람을 치유하시려는 그분의 뜻을 알려주시는 것이다. 이 은사를 통하여 하나님께서는 우리로 하여금 다음의 것들을 알도록 영감을 주실 것이다:

(1) 우리가 기도해 주고 있거나 기도해 주었던 사람이 치유될 것이라는 사실. 그때 믿음의 은사는 이러한 영감을 주저함 없이 받아들이게 하고, 절대적인 신뢰와 이 사람이 치유될 것이라는 믿음을 가지고 기도하게 한다.

(2) 우리가 기도하고 있는 사람이 약을 복용하는 것을 중단해야 하고 또는 병의 증상들을 무시해야 한다는 것. 이 경우에 영분별의 법칙을 확실히 적용되어야 한다. 거짓 영감의 결과는 매우 위험한 것이 될 수 있기 때문이다. 만일 누군가가 아픈 이에게 약 먹는 것을 중단하라거나 증상들을 무시하라고 말한다면, 그 아픈 이는 그 자신이 이러한 것이 사실이라고 영감을 느끼는 경우에만 이 지시에 순종해야 한다.

모든 그리스도인들이 가져야만 하는 믿음과 특수한 "믿음의 은사"와의 차이는 아주 실제적인 면에서 중요하다. 그것은 왜 치유를 믿는 몇몇 그리스도인들이 언제나 다음과 같이 말하는 가를 설명해 준다:

> 나는 하나님이 치유하시는 것을 믿습니다. 그분께서 당신을 사랑하시고 당신을 치유할 수 있는 능력을 가지셨음을 믿습니다. 치유를 위하여 기도합시다. 그러나 나는 어떤 일이 일어날는지는 정확하게 미리 말할 수는 없습니다.

한편, 다른 이들은 경우에 따라서 좀더 큰 확신을 가지고 이렇게 기도한다:

> 하나님은 당신을 사랑하십니다. 만일 우리가 단지 그분께 그렇게 해 달라고 요청하기만 한다면, 그분은 당신을 치유하실 것입니다.

그것은 왜 케니스 헤긴 같은 전도자가 확신을 가지고 "치유될지어다"라고 명령할 수 있는가 설명해 준다(하나님께서는 모든 사람을 위하여 그렇게 기도하라고 영감을 주시지 않는다. 따라서 그는 경우에 따라 치유를 요청하는 몇몇 아픈 이들을 위하여 기도해 주는 것을 내면적으로 방해받기도 한다).

기도해야 할 때와 기도하지 말아야 할 때에 관한 하나님으로부터의 분별의 은사가 없이는, 우리는 기도할 때에 몇 가지 의심을 갖지 않을 수 없다. 그것은 하나님께 대한 의심이 아니라 어떤 특정한 상황 속에서의 하나님의 뜻에 대한 우리 자신의 지식에 관한 의심인 것이다.

3. 예수님의 이름으로 기도하는 것

결론부터 말씀드리면, 우리는 오직 "예수님의 이름으로" 기도할 때에만 절대적인 확신과 믿음을 가질 수 있다는 것이다. 예수님의 이름으로 기도한다는 것은 단순히 정형화된 단어들("예수님의 이름으로" 하나님 아버지께 기도드립니다)을 사용한다는 것 이상의 많은 의미를 가지고 있다.

히브리적 사고에서 어떤 사람의 이름이란 그 사람의 인격 전체를 나타내는 것이다. 따라서 예수님의 이름으로 기도한다는 것은 바로 예수님의 인격 안에서 기도한다는 의미로 마치 예수님 자신이 기도한다는 것과 같다.

예수님의 이름으로 기도한다는 것은 우리가 "그리스도 예수 안에 있는 마음"을 품어야만 함을 의미한다. 우리가 예수님이 그러셨던 것과 같이 사람들과 상황들을 본다는 것을 의미한다. 그때에 우리는 예수님의 권세와 능력을 가지고 말하게 되는 것이다.

사람들과 상황들을 이러한 방법으로 본다는 것은 하나의 은사다. 그때라야 우리는 명령의 기도—예수님의 이름으로 질병을 떠나라고 명령하고, 사람들에게 일어나 걸으라고 명령하는—를 할 수 있는 것이다.

사도들은 이러한 방식으로 기도하였다. 현대를 살아가는 대부분의 그리스도인들보다 더욱 직접적으로 하나님께 영감을 받았기 때문이다. 그들은 주저함이 없이 "나사렛 예수 그리스도의 이름으로 걸으시오"(사도행전 3장 6절 하반절)라고 말할 수 있었다. 그들은 예수님의 권세를 가지고 말하였다. 예수님의 마음을 가졌기 때문이다.

1) 치유기도의 두 가지 모델

요컨대, 나는 치유를 위한 기도에서 두 가지 모델을 보고 있다. 저마다 완전하게 유용한 것들이다. 그러나 하나가 다른 하나보다 더욱 심도 있고 좋은 것이다. 하지만, 그것은 강제로 될 수 없다. 그것은 은사이기 때문이다.

(1) 평범한 상황들 안에서 평범한 그리스도인을 위한 것—여기서 치유의 기도는 예수 그리스도의 이름으로(성령과 연합 가운데) 아버지 하나님께 그 사람을 치유해 주시도록 구하는 간청의 기도이다.
(2) 치유의 은사가 있는 사람들을 위한 것—진정한 영감을 받은 경우, 치유의 기도는 보다 더욱 "치유될지어다"와 같은 명령의 기도가 된다. 혹은 우리의 기도가 간청하는 기도가 된다 하더라도 그것은 평범한 간청의 기도보다 훨씬 강력한 것이 된다. 거기에는 어떠한 의심도 내포되어 있지 않기 때문이다: "아멘. 나는 그것이 이루어지는 것을 보고 있습니다. 감사합니다, 주님!" 그것은 그야말로 완전한 의미에서 예수님의 이름으로 드리는 기도이다. 기도하는 사람은 이미 어떤 신비적인 방법을 통하여 하나님의 마음을 알았고 그래서 그분의 인격 안에서 그렇게 말할 수 있는 것이다. 그것은 마치 기도하는 사람이 하나님과 함께 서서 그분을 대신해서 말하는 것이다.

아래의 도표는 이러한 두 가지 형태의 기도를 이해하는 데 도움을 줄 것이다.

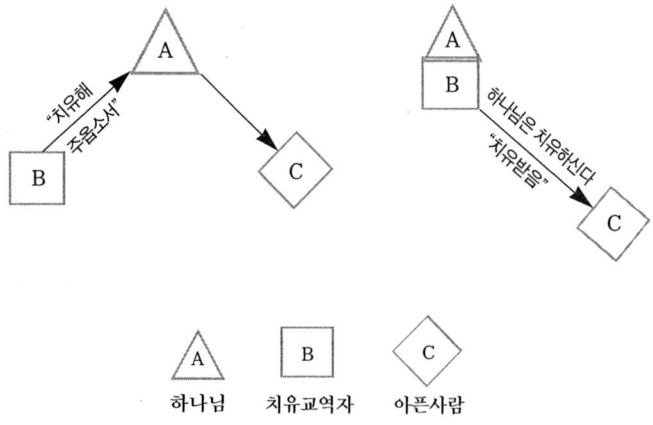

이 도표가 가지고 있는 문제가 있다면, 그것은 물론 우리 안에 살아계신 하나님(요한복음 14장 20절)을, 그리고 안으로부터 치유하시는 그분을 "거기 밖에" 계신 분으로 그리고 있다는 것이다. 하지만 이 도표는 일차적으로 두 가지 유형의 차이점을 그리고자 하는 것이다.

첫 번째 경우는, 기도하는 사람(들)이 이 시간에 이 아픈 사람을 위한 치유를 간청하기는 하는데 하나님의 뜻이 무엇인지 전적으로 확신하지 못하는 상태이다. 그래서 말하자면, 그/그녀는 하나님께(to God) 말씀드려서 하나님께서 그 사람을 치유해 주시도록 간청하는 것이다.

두 번째 경우는, 하나님이 한두 가지 경로를 통하여 이번에 치유하시겠다는 그분의 뜻을 계시하셨다. 그러므로 치유사역자는 단지 하나님께 기도하는 것이 아니라 하나님을 대신하여(for God) 아픈 사람에게 말하는 것이다.

이러한 두 가지 형태는, 둘 다 믿음에 기초하고 있지만 완전히 다르다. 치유사역의 많은 문제들은 은사를 소유하고 있지도 않으면서 그 은사를 가진 다른 사람들을 모방하는 사람들에 의해 야기되고 있다. 지식의 말씀과 믿음의 은사를 가지고 있지 않은 치유자가 공허하고 허세부리는 형태의 기도를 쉽게 발전시킬 수 있을는지 모른다.

그 경우, 우리는 아픈 이들에게 죄책감을 전가시킴으로 해를 줄 수 있다. 예를 들어, 우리가 그들이 나음을 입었다고 선언해 준다면, 정말 하나님이 그것을 우리에게 보여주셨기 때문이 아니라, 우리가 기도하는 데 필요한 은사를 가진 다른 사람들의 기도를 흉내낼 때 그렇다.

우리는 저마다 우리가 진실로 어디에 속해 있는가를 알아야 한다. 그리고 우리 자신의 치유사역에 알맞은 기도를 배워야 한다. 우리가 다른 사람들로부터 배울 수는 있다. 그러나 그 사람들의 기도유형에 상응하는 우리 내면의 영성적 실체가 없이 흉내만 내서는 안 된다. 여러분 자신이 누군가보다 더 잘하는 척하지 말아라. 성령께서 여러분을 이끄시는 대로, 여러분 자신의 스타일을 개발하기 바란다.

비록 우리가 지식의 말씀이나 영 분별 또는 믿음의 은사와 같은 특수한 은사가 없다고 할지라도, 그것이 아픈 이들을 위한 우리의 기도를 멈추게 해서는 안 된다. 오히려 우리 자신의 한계들을 인식시키도록 해야 한다. 더욱이 우리는 이러한 은사들 안에서 성장할 수 있음을 깨달아야 한다. 하나님이 당신에게 주신 것을 사용하여라. 그러면 하나님께서 당신을 그분의 도구로 더욱 더 사용하기를 원하심을 보게 될 것이다.

아그네스 샌포드 여사는 이제 시작하는 사람들에게 암이나 관절염, 보지 못함과 같은 만성적이고 중한 질병들보다 쉽게 치유될 수 있을 것 같이 보이는 감기와 같은 작은 질병들의 치유를 위하여 기도하라고 권면했다. 하지만 이에 있어서도 나는 어떤 엄격하고 손쉬운 규칙들을 세우고 싶지는 않다. 나는 치유사역을 새로 시작하는 사람들의 기도를 통해서도 하나님께서는 수년 동안 아픈 이들을 위하여 기도해 온 다른 사람들에 의해 결코 경험되지 않은 놀라운 일들을 행하시는 것을 보았다.

여러분이 믿음을 사용해 보고 하나님께서 여러분의 기도를 통하여 사람들을 치유하시는 것을 보게 됨에 따라, 여러분은 자신의 믿음과 용기가 자라나는 것을 발견하게 될 것이다. 뒷장에 언급될 믿음의 기도를 드리는 것을 배워라. 그러나 무엇보다도 사람들을 사랑하는 법을 배워라. 그러면 여러분은 기적들을 보게 될지도 모른다.

2) 치유를 위하여 필요한 믿음은 누구에게도 있을 수 있고—또 아무에게도 없을 수 있다.

하나님께서는 자신이 원하시는 것을 이루시기 위하여 우리의 연약함을 통해서도 일하실 수 있다는 사실에 우리는 위로받아야 한다.

내 능력은 약한 데서 완전하게 된다(고린도후서 12장 9절).

누구의 믿음이 필요한 것일까?

　(1) 그 믿음은 치유를 위하여 기도해 주는 사람 안에 있을 수 있다.
　(2) 또는 치유를 요청하는 아픈 사람 안에 있을 수 있다. 심지어 치유사역자가 믿음이 적거나 없을 경우라도.
　(3) 또는 때때로 단지 하나님께서 그분의 선하심을 나타내기 위해서 어떤 특별한 사람에게도 믿음이 있어 보이지 않을 때라도 치유를 행하신다.

예를 들어, 나는 한 재능있는 설교자로부터 그가 예상치 못했던 결과를 가져왔던 설교에 대하여 들었던 이야기를 기억한다. 이 설교자는 청중들의 주의를 사로잡기 위하여 자기 설교의 도입부분을 기발하게 시작하곤 했다. 한번은 그에게는 어려운 청중인 대학생 그룹을 앞에 놓고 설교하게 되었다. 그는 그들에게 믿음에 대하여, 겉으로 보이는 것이나 감정과 관계 없이 믿음을 붙잡아야 하는 것의 중요성에 대하여 설교하고 싶었다.

그는 그들이 감정적인 고조나 증거들을 구하지 말아야 하며 고통과 무미건조함도 기꺼이 참아야 한다는 것을 강조하기 위하여, 자신의 믿음에 관한 설교의 도입을 신유(그가 믿지도 않고 있는)에 대해 이야기하기로 결정했다. 그래서 믿음에 관한 설교를 할 시간이 되었을 때, 그는 자신이 치유의 은사를 가지고 있다고 학생들에게 말했다. 그리고 그들에게 설교단 앞으로 나와 줄을 서서 치유받을 것을 권면했다.

그가 허위로 초청하는 일을 끝냈을 때, 기쁘게도 약 30여 명의 학생들이 앞으로 나오는 것을 보았다. 그의 계획은 그들을 위하여 기도해 주

고, 그들이 치유되지 않았을 때 그들에게 다음과 같이 말하려고 했던 것이다:

> 보십시오! 여러분이 얼마나 어리석은가! 여러분은 기적을 찾고 있습니다. 하지만 믿음이란 그런 것이 아니지요. 그것은 하나님의 말씀에 나타난 것을 그분이 말씀하셨기에 단순히 믿는 것입니다. 여러분은 표적들이나 기사들을 구해서는 안 됩니다.

그 설교자는 줄을 따라 걸어가며, 언젠가 한번 텔레비전에서 오랄 로버츠 목사가 하는 것을 본 대로 아픈 사람을 위하여 기도했다. 무슨 일이 일어날 것이라고는 결코 생각지 않았다. 그는 학생들의 머리 위에 큰 힘을 주어 손을 얹으면서, 큰 소리로 이렇게 선포하였다:

> 예수님의 이름으로 나을지어다!

"그런데 무슨 일이 벌어진 줄 아십니까? 그들 모두가 치유된 거예요—아니 적어도 그렇게 보였습니다!"라고 그는 나에게 말했다.

> 두통이라면 나는 설명할 수 있었을 것입니다. 그들이 암시의 능력에 의해 치유받은 것이라고 말이지요. 그런데 그 중에는 삼각붕대로 팔을 감고 나왔던 소년이 있었는데, 자기 팔을 흔들면서 자리로 돌아가 나았다고 주장하더라니까요. 그것이 나를 귀찮게 하였습니다. 그런데 그 다음날 한 여학생이 찾아와서, 자기는 나은 줄 알았는데 여전히 삐었던 발목이 부은 채로 있다고 말해 주어 나는 정말 기뻤습니다. 하지만 다른 모든 학생들은 마치 자신들이 다 나은 듯 행동하더란 말입니다. 아무튼 그 일 때문에 나의 설교 초점은 엉망이 되

고 말았습니다.

이런 경우, 과연 누가 믿음이 있었던 것일까? 분명 거짓으로 치유사역을 행하고 아무런 치유도 일어나기를 원치 않았던 그 설교자는 아니었을 것이다. 그러면 학생들이었을까? 그럴는지도 모른다. 아니면 혹시 기도에 사용된 "예수 그리스도의 이름으로 나을지어다!"라는 말씀의 능력 때문일까? 그것도 가능한 이야기다.

캐더린 쿨만과 다른 치유사역자들도 믿음이 부족함에도 불구하고 치유받는 환자들을 보았다. 우리는 자기 자신의 기도에는 믿음이 없지만 다른―그들의 목회자와 같은―사람들의 기도를 통하여 낫는 아픈 이들도 역시 본다. 아마도 이러한 치유는 하나님께서 아직 믿음을 갖지 못한 사람들이 그것을 가질 수 있도록 도와주시는 것일는지도 모른다.

믿음은 치유를 위하여 중요하다. 우리의 연약함에도 우리가 할 수 있는 모든 것을 한다면, 하나님은 우리 자신의 노력을 훨씬 능가하는 축복을 주실 것이다. 우리의 믿음은 아픈 이들을 위하여 기도하라는 것에 순종하는 데 있다. 그것은 우리가 연약함에도 불구하고 그리스도의 자비를 드러내는 데 우리가 할 수 있는 최선을 다하는 것이다. 우리는 자신을 덜 중요하게 생각하는 한편, 하나님을 참으로 더욱 중요하게 생각할 필요가 있다.

> 내가 비록 보잘것없는 사람일지라도, 저 우두머리 사도들보다 부족한 것이 하나도 없습니다. 나는 여러분 가운데서 일일이 참고 견디면서, 놀라운 일과 기적을 표징으로 삼아 사도가 된 표징을 행하였습니다(고린도후서 12장 11-12절).

이것이야말로 우리가 발견해야 할 중요한 점이다. 우리 자신의 연약함에도 불구하고 우리가 전진하고 병든 이를 위하여 기도하게 될 때, 그리고 하나님께서 우리에게 주신 믿음을 따라 최선을 다하게 될 때에, 하나님은 우리의 공로, 심지어는 우리 믿음의 능력을 초월하여 우리를 풍성히 축복하신다는 것이다.

4. 믿음이란 '춧쯔파'를 지니는 것을 의미한다.

최근에 나는 믿음에 관하여 아주 새로운 이해를 하게 되었다. 그것이 나를 자유롭게 해주고 있다! 그것은 밥 린세이(Bob Lindsey)로부터 배운 것이다. 그는 예루살렘에 있는 영어를 말하는 교회 가운데서 가장 큰 나르키스 칠례교회의 목사였다. 그는 치유사역에 참여하게 되었고, 그 자신이 기도를 통하여 당뇨병을 치유받은 사람이다. 밥은 헬라어 원어로 된 마가복음을 수년 동안 연구해 온 터라 예수님이 살던 당시의 문화를 잘 알고 있었다. 그래서 밥이 미국을 방문하였을 때, 나는 그가 다음의 질문에 답변해 줄 수 있는 최적의 사람이라고 생각했다:

예수님 자신이 이해하셨던 '믿음'의 의미는 어떤 것이었을까요?

그러자 밥은 주저함이 전혀 없이 '춧쯔파'(chutzpah)라고 말하였다. 여기서 춧쯔파란 이디쉬(Yiddish)어의 속어로서 '강심장,' '철면피,' 또는 '어떤 행동에 대한 극단적인 확신'이라는 의미와 같다. 오늘의 말로 하면, 춧쯔파를 가진 사람이란 "어떤 것을 막무가내로 얻으려고 애쓰는" 사람이다.

춧쯔파에 대한 유대인들의 고전적인 예화는 그의 어머니와 아버지를 살해한 소년이 자신이 고아라는 이유로 재판에서 자비를 요청하는 것을 이야기하고 있다. 바로 그것이 춧쯔파다!

밥이 사용했던 춧쯔파에 대한 성경의 예는 예수님의 옷자락을 만지기 위하여 주변의 군중들 사이로 슬며시 끼어들기로 작정한 혈루병 앓던 여인의 이야기다(누가복음 8장 43-48절). 율법에 따르면, 그 여자는 몸에서 흘러나오는 피로 인하여 부정하였으며, 그래서 예수님을 만지는 것은 율법을 범하는 것이었다. 하지만 그 여자는 그분의 옷자락을 은밀히 만지기로 작정하였다. "목적을 이루기 위하여!" 그래서 그 여자는 치유될 수 있었던 것이다.

예수님이 그 여자가 행한 일을 발견했을 때, "네 믿음이 너를 낫게(구원)하였다"(48절)고 말씀하심으로 그녀를 격려하셨다. 그 여자의 믿음은 합법적이건 불법적이건간에 어떤 대가를 치르고서라도 치유를 위하여 나아가 행동하려는 의지가 확고했다. 밥은 그것이야말로 복음서가 늘 말하고 있는 믿음의 의미라고 말하였다.

이러한 믿음에 대한 설명은 내가 그에게 기대했던 답변과는 아주 다른 것이었다. 그것은 나에게 일어났던 좀 당황스러웠던 어떤 일을 설명해 주는 데 도움이 되었다.

1977년 나는 (내가 책임자로 있던) 토마스 머튼 재단에 한 기독교 영화사와 함께 〈치유기도의 능력〉(The Power of Healing Prayer)이라는 영화를 촬영하기 위하여 50,000불을 투자해 줄 것을 요청하였다. 이 30분짜리 영화를 통하여 사람들이 우리가 아픈 이들을 위하여 기도할 때 일어나는 놀라운 치유들을 보게 하기 위해서다.

이를 위하여 우리는 오하이오 주 똘레도에 있는 성 빈센트 병원을 선정하여, 의사들의 감독 아래 24명의 환자들을 위하여 기도하기로 했던 것이다. 우리는 우리가 일상적으로 보고 있는 것의 진정한 단면을 아주 빈틈없이 정직하게 보여주기를 원했다. 즉 어떤 사람들은 치유되고, 어떤 사람들은 병세가 호전되며, 겉으로 보기에 아무런 일이 일어나지 않는 사람들에 대해서 말이다.

그 영화는 병원 실무진의 책임의사가 24명의 환자 가운데 20명이 증상의 변화를 느낀다고 말했다는 것을 보고하는 놀랄 만한 내용으로 끝마치고 있다. 20명 가운데 15명은 의학적으로도 입증될 수 있는 변화였고, 실제로 그 환자들 가운데 한 사람은 지금도 나와 계속 만나고 있다. 그는 전신 홍반성 낭창(lupus erythmatosis)을 완전히 치유받았다.

그런데 정작 내가 당황스러웠던 것은 내 친구들 때문이었다. 몇몇 친구들이 내가 실패하게 될지도 모를 영화에 그렇게 많은 돈을 투자할 만큼 비범한 믿음을 보여 주었다고 생각했다는 것이었다. "아무도 낫지 않는다고 가정해 보라!"라고 그들은 제안했었다. 반면에 나는 놀랐던 것이 그들이 내가 비범한 믿음을 가졌다고 생각했다는 것이다. 나는 나의 믿음이 매우 평범한 것이라고 생각하였기 때문이다. 나는 기도할 때에 늘 내가 기도해 주는 사람이 낫게 되는지 그렇게 못할는지에 대해 특별한 감각을 갖지 못한다. 내 자신의 눈에는 그렇게 자주 치유사역과 연관되는 특별한 '믿음의 은사'가 부족하다.

하지만, 실제로 그들이 말하는 것은 내가 츳쯔파를 가졌다는 것이다. 나는 하나님께서 내가 일상적으로 보고 있는 치유를 사람들에게 보여주기를 원하신다는 가정 아래, 우리가 가진 모든 재정을 투자하는 모험을 감행하여서라도 "그것을 얻어내야 한다"고 믿었던 것이다.

믿음을 츳쯔파로 보는 것은 여러분을 자유롭게 해줄 것이다. 이러한 관점에서 볼 때, 믿음이란 "나는 당신이 우리가 기도할 때 오늘밤에 치유될 것을 압니다"라는 식으로 여러분이 무엇을 믿고 있는가라는 비범한 차원이 아니라, 아픈 이를 위하여 과감하게 기도해 줄 수 있는 용기와 연관되어 있는 것이다. 존 윔버(John Wimber)가 종종 말하듯이, "믿음이란 다른 말로 하면 '위험' (R-I-S-K)이라고 쓸 수도 있다." 아브라함처럼 우리는 알지 못하는 약속의 땅을 향하여 출발하는 것이다. 믿음은 그러한 여행을 감행하는 데 있지, 어디로 가야 할지 정확하게 확신하는 데 있는 것이 아니다. 만일 우리가 우리 능력 안에서 할 수 있는 일, 곧 아픈 이들을 위하여 기도한다면, 하나님은 신실하시다는 것을 우리는 믿는다.

이러한 현실을 발견하면 자유로워진다. 곧 믿음이란 단지 순종이고, 기꺼이 모험을 감행하려는 것임을 알게 되기에. 그것은 여행에서 어떤 일이 일어날 것인가에 대해 절대적으로 확실하게 아는 것과는 다른 것이다!

믿음은 치유를 위하여 중요하다; 그러나 만일 우리가, 우리의 연약함 속에서, 우리가 할 수 있는 것을 모두 할 수 있다면, 하나님께서는 우리 자신의 장점들을 훨씬 뛰어넘어 우리에게 복을 내리실 것이다. 우리의 믿음은 아픈 사람들을 위하여 기도하는 일에 순종하는 데 있다. 우리의 연약함에도 불구하고, 가능한 한 최선을 다해서 그리스도의 자비를 내보일 수 있어야 한다. 우리는 우리 자신을 좀 덜 진지하게 대할 필요가 있다―그리고 하나님은 좀 더 진지하게 대해 드려야 한다.

> 비록 내가 보잘 것 없는 사람일지라도, 저 가장 위대하다는 사도들보다 부족한 것이 하나도 없습니다. 나는 여러분 가운데서 일일이 참으면서, 표적과 기사와 기적으로써 사도가 된 표적을 나타냈습니다(고린도후서 12장 11하반절-12절).

여러분이 발견해야 할 그 무엇도 바로 이것이다: 여러분의 연약함에도 불구하고, 여러분이 한 발 더 나아가 치유를 위하여 기도하면서, 하나님이 여러분에게 주신 믿음의 분량에 따라 할 수 있는 한 최선을 다한다면, 하나님께서는 여러분에게 풍성한 복을 내리실 것이다. 여러분의 장점을 뛰어넘어―아니 여러분의 믿음의 한계를 뛰어넘어.

9
믿음의 신비, 싹트는 희망

✝

내가 치유사역의 역설을 경험하게 되면서, 나는 더욱 더 그 안에 내포된 신비를 인식하게 되었다. 단순한 대답과 절대적인 명확성을 원하는 사람은 틀림없이 실망하게 된다. 그들은 결코 내가 날마다 경험하고 있는, 하나님의 자비로운 사랑에 따라 건드림받고 치유받는 사람을 보는 것과 같은 아름다운 경험을 하지 못할 것이다.

내가 받았던 한 편지에는 이런 글이 들어 있었다:

> 영성적인 치유에 대하여 무한 감사를 드립니다. 그것은 완전한 것이었습니다. 당신이 기도해 줄 때 용기, 기쁨, 그리고 힘이 내 마음에 넘쳐 났습니다. 하나님은 그것을 통하여 그분의 사랑을 확신할 수 있도록 말씀하셨습니다. 또한 당신이 나의 슬픔을 이해할 수 있다는 것이 나에게는 가장 큰 위로가 되었습니다. 기도를 받은 뒤 교회에 갔었는데, 거기서 해방감 같은 것을 느꼈습니다. 마치 고통스러운 기억들이 죄다 사라진 듯 보였습니다. 그 순간부터 나에게는 기쁨이

충만해졌습니다. 여러 해 동안 져 왔던 무거운 짐이 싹 사라져 버렸습니다.

우리는 언제나 신비에 직면하게 될 것이다. 누구든 지나치게 단순화를 시도하는 사람은 야기되는 혼란 때문에 실패하게 될 것이다. 바울도 "내가 지금은 부분적으로 안다"(고린도전서 13장 12절 하반절)고 말했다. 분명 우리는 우리 자신의 지식이 완전하지 못하다는 것을 인정하는 데 부끄러워해서는 안 된다.

내가 가진 믿을 만한 권위있는 정보에 따르면, 한 유명한 치유전도자의 집회에 참석한 치유를 원하는 사람들 가운데 약 10% 정도만이 치유되거나 증세가 호전된다. 그 10%의 사람들은 기뻐할 이유가 있겠지만, 나머지 건강을 구하던 90%의 사람들은 어찌된 것인가? (내 자신의 경험에서도 유감스럽게 더 많은 퍼센트의 사람들이 치유되지 않고 있음을 보여 준다.)

그 전도자가 강조하는 대로, 여러분은 치유받을 만한 믿음을 가졌는가? 치유에 유일한 요소라면, 사람들은 그 반대의 경우도 받아들여야 한다. 만일 내가 치유되지 않았다면, 그것은 내 믿음이 약하기 때문이다. 단순주의적 설교는 치유받지 못한 사람들 안에 죄책감을 불러일으킨다. 또한 치유 그 자체의 가능성에 대하여 회의적인 사람들에게는 거부감을 증진시킨다. 그러나 대부분의 사람들은 단순한 해답을 좋아한다. 그들은 자신들을 짜증나게 하는 복잡함으로부터 달아나려 한다.

폴 투르니에 박사는 이 점을 현명하게 관찰하였다:

인간성이 이러한 단순성과 복잡성의 두 극 사이를 왔다갔다했다는 것은 우리 모두의 공통된 경험이다. 모든 문제에서 오직 한쪽 면만을 보는 마음을 가진 사람들은 박력있는 행동을 취하는 경향이 있다. 그들은 자신들이 행하는 모든 일에 성공한다. 사소한 일에 멈추지 않으며 그리고 그들 자신의 능력에 대해 자신감을 갖고 있기 때문이다.

가령, 예를 들어, 성공적인 저널리스트는 모든 문제를 단순화하는 경향이 있다. 그는 독자들을 사로잡는 한 문장으로 문제를 압축시킨다. 반면에, 미묘하고 세련된 마음을 가지고 기발한 차이점들의 미로를 찾아 헤매는 경향을 가진 사람들이 있다. 그들은 언제나 문제들이 정말 얼마나 복잡한가를 보며, 자신들의 신념이 소용없다는 것을 본다.

이러한 것이야말로 왜 세상이 그 자신의 문화적이고 도덕적인 수준을 높이는 데서 가장 부적절한 사람들에 의해 인도되고 있는가를 밝혀주는 대목이다. 이러한 두 가지 경향을 결합시켜 관리할 수 있는 사람은 아주 드물다. 내 관점에서는 살아 있는 그리스도인의 믿음이 이러한 기적을 성취하기 위한 최상의 전제조건이 된다고 본다. 심오한 통찰력과 마음의 단순성을 주기 때문이다.

투르니에 박사가 지적했듯이, 대중 설교자나 전도자는 "만일 당신이 믿음을 가지면 치유될 것이다"라고 주장하기 위해서 단순화시킬 수 있다. 한편, 교육받은 내 친구들은 대부분 이런 식의 접근 방법에 대하여 딱 질색을 한다.

많은 치유사역자들은 의심없이 행동에 옮기는 사람들이다. 아마 그들이 무엇을 하고 있는가를 설명하는 데 가장 부적절한 사람들일 것이다. 반면에, 이 사역의 복잡성을 가장 잘 이해할 수 있는 사람들은 자신들의 의심과 사색(예를 들어, 교회 안에서의 구속적인 고통의 가치에 주어진 전통적인 위치와 같은)들 때문에 섣불리 뛰어들지 못하는 사람들이다. 그들은 아픈 이들을 위하여 거의 기도하지 않는다.

그래서 치유를 위한 기도는 결과적으로 신학대학 안에서보다 천막과 연관이 깊다. 따라서 치유의 세계가 "그 자신의 문화적이고 도덕적인 수준을 높이는 데 가장 부적절한 사람들에 의해 인도되고 있다"는 것은 놀라운 일이 아니다.

신비의 감각을 유지하기 위해서 나를 확신시켰던 경험적 방법은 매우 현실적이고 도움을 주는 것들이다. 나는 두 가지 기본적인 원리들을 제안하고자 한다:

(1) 어떤 한 가지 방법이나 경험을 보편적인 것으로 확장시키지 말 것.
(2) 확신을 가지고 당신의 필요를 채워주시도록 하나님께 간구하되, 언제 또는 어떻게 그것을 해달라고는 그분께 말씀드리지 말 것.

이 두 가지 원리들에 대하여 좀더 자세히 설명해 보자.

1. 두 가지 원리

1) 어떤 한 가지 방법이나 경험을 보편적인 것으로 확장시키지 말아라.

우리 안에 있는 무엇인가 때문에 우리는 모든 임무에 잘 들어맞는 기술과 모든 필요에 적용될 수 있는 적절한 기도의 틀을 찾아내고 싶어한다. 우리는 여전히 하나님이 하시는 일을 마법적인 방법으로 조작할 수 있는 요술지팡이 같은 것을 추구한다. 그러나 하나님께서는 거듭거듭 우리에게 그분은 우리의 제한을 뛰어넘는 분이시며, 우리가 만든 깔끔한 상자에 끼워맞출 수 있는 분이 아니라는 것을 가르치신다.

바로 이러한 인간적인 경향을 나타내는 예 가운데 하나가 이미 언급했던 바와 같이 치유를 위하여 당신에게 필요한 것이란, "하나님의 약속을 믿음으로 주장하는 것"이라고 말하는 사람들이다. 또 다른 예는 단지 성례전적인 배경의 치유 개념에서만 평안함을 느끼는 사람들에게서 찾아볼 수 있겠다. 제자들처럼, 오늘도 어떤 사람들은 언제나 완벽한 대답을 찾고 있다:

이 사람이 눈먼 사람으로 태어난 것이, 누구의 죄 때문입니까? 이 사람의 죄입니까? 부모의 죄입니까? (요한복음 9장 2절)

하지만 예수님은 자신이 제자들에게 원하셨던 바대로, 우리를 이것 아니면 저것이라는 흑백논리적 사고의 형태에서 완전히 끌어내기를 원하신다:

이 사람이 죄를 지은 것도 아니요, 그의 부모가 죄를 지은 것도 아니다. 하나님께서 하시는 일들을 그에게서 드러내시려는 것이다(요한복음 9장 3절).

그런데 우리는 어떤 일정한 환경 가운데서 성공적이었던 한 가지 기술을 모든 상황에 적용시키고자 자주 시도한다. 어쩌면 우리는 우리가 경험한 것을 통하여 우리가 옳다는 것이 입증되었다고 주장하리만큼 이러한 한 가지 기술을 통하여 충분히 성공을 거두었을는지도 모른다. 그러나 우리는 역시 우리가 실패한 것들을 선택적으로 무시하며, 우리가 습관적으로 행하는 방법에 대해 방어할 거리들을 찾아낸다.

이 문제를 설명하기 위하여 몇 가지 예를 들어 보겠다. 그것은 모두 미국 안에서 실행되고 있는 치유사역에 적용되는 것이다.

첫째, 우리는 모든 병들을 사단의 압박에서 연유된 것으로 보고 귀신들을 내어쫓음으로 그것들을 다루려는 어떤 사람들의 경향을 보고 있다. 어떤 경우는 이것이 효과가 있을 것이다. 그런데 문제는 이러한 성공으로 말미암아 귀신축출하는 사람들은 이러한 방법에 의해 그들이 기도해 주는 어떤 사람들은 심각하게 해를 입을 수도 있고 또한 지적인 구경꾼들에게는 그들이 보는 것에 따라 아주 놀라서 어떠한 치유나 귀신축출 사역에 대해서도 영구한 편견을 가지게 만들 수도 있음에도 불구하고 계속 그러한 일을 하게 된다는 것이다.

우리가 보는 두 번째 경우는, "당신의 승리를 주장하라"—곧 당신이 일단 치유를 위하여 기도했다면 당신이 치유되었다는 사실을 받아들이라는 식의 형태이다. 내 자신의 경우에서 보더라도, 이것이 가끔은 올바른 방법이 된다. 다만 그것이 주님께서 원하시는 것이고 그 아픈 이가 자신에게 병의 증상이 아직 남아 있음에도 불구하고 하나님에 의해 치유되었다는 영감을 진실한 것으로 받아들일 때만 그럴 수 있다는 것이다.

나는 자궁 내막염으로 고생하던 한 여인을 특별히 기억하고 있다. 그 여자는 기도회에 참석하여 모든 사람에게 자신을 위하여 기도해 줄 것을 요청했다. 그 다음날 그녀는 자신의 경험에 대해 다음과 같이 기록했다:

> 두 번째 치유, 곧 신체의 치유(그녀는 이미 정신의 치유를 경험했었다)에 대하여 더 말씀드린다면, 기도받은 뒤에 저에게는 통증이 전혀 없다는 것입니다. 사실 지난 한 달 반 가량, 저는 간헐적인 통증으로 시달려 왔는데, 특히 식사 후에 그랬습니다(하지만 지금 나는 네 번의 식사를 하는데 어떤 통증도 느끼지 못합니다).
> 이야기는 지금부터가 더 재미있습니다. 사람들에게 기도를 요청하

면서도, 내 생각은 그때까지 두 주일마다 복용하던 약을, 그것이 5월에—그 집회가 열렸을 때는 2월이었다—떨어질 때까지 계속 먹으리라는 것이었습니다. 그렇지만 주님은 다른 계획을 갖고 계셨습니다. 그분이 원하시는 것에 대해 저한테 힌트를 주셨는데, 그분은 당시 세 시간 동안 계속되었던 통증을 멎도록 해주셨습니다.

그리고 나서—여기가 중요한데—그분은 제가 더 이상 약 복용을 하지 않음으로 저의 믿음을 증명할 수 있을는지에 대해 조용히 물으셨습니다. 저는 모든 이가 저를 위하여 기도하는 동안 이것을 가지고 고민했습니다. 제가 3년 반 동안이나 아무런 도움을 얻지 못했는데 이 약을 복용함으로 엄청난 효과를 보았기 때문입니다.

그런데 어떻게 제가 그 약 먹는 것을 중단할 수 있겠습니까? 하지만 주님은 제가 사람들에게 기도를 해달라는 요청을 하기 전까지는 약을 먹지 않겠다는 생각을 하도록 만들지 않으셨습니다. 마침내 나는 "좋습니다, 주님! 어쨌든 해보겠습니다. 지금 당신이 정말 나를 치유하실 수 있는지 실험해 보겠습니다"라고 결심했습니다.

완전한 믿음으로 응답하기 위하여 내가 받았던 용기는 그 자체가 치유였습니다. 자궁 내막염은 수술 외에 다른 치료 방법이 없었기 때문입니다. 와! 그것이 바로 믿음이었습니다!

이 며칠간 내가 얼마나 기뻤던가를 표현한다는 것은 불가능합니다. 나에게는 완전히 새로운 삶이 시작된 것입니다.

확실히 이 여인은 하나님에 의해 영감을 받아 믿음의 모험을 감행했고, 그녀는 치유되었다. 10년이 지난 지금까지도 이상이 없다. 여기서 그녀는 다른 사람의 충고 없이, 오로지 내적인 충동에 의해서만 움직였다.

어떤 치유사역자가 개인적인 계시를 신뢰하고 명령의 기도를 하기 위한 '믿음의 은사'를 받을 수 있는 것과 마찬가지로, 아픈 사람은 자신이 치유되었다는 것을 믿을 수 있는 진정한 영감을 받을 수 있다―때때로 비록 조금은 아픈 증상이 있더라도. 이런 사람에게는 내적인 충동에 순종하는 것이 치유를 일으키는 조건이 되는 것 같아 보인다.

하지만 여기에 따르는 위험이 있다. 그것은 일반적이라기보다 특수한 경우에 속하는 이러한 경험을 보편적인 원리―곧 그 치유사역자가 이것이야말로 모든 경우에 필수적으로 있어야 하는 것으로, 누구나 약속을 주장하는 모든 사람은 치유될 것이라고 하는―라고 할 때 발생한다.

일례로 내가 참석했던 모임에서 기도 그룹의 인도자는 사고 때문에 등뼈가 부러져 휠체어에 앉아 있는 사람에게 말하기를, 만일 그가 믿음을 가진다면 치유받게 될 것을 믿는다고 했다. 그들은 그 사람을 위하여 기도해 왔고 금식하였다. 몇몇 사람은 그가 치유되기까지 금식을 하기로 약속하였던 것이다.

이 선한 사람들이 그 사람의 주위에서 치유를 위하여 진지하게 기도하게 되었을 때, 분명 그 사람에게는 당연히 상당한 압박과 불안에서 오는 고통이 있었다. 그는 자기의 부모들과 주변의 친구들과 함께 할 수 있는 한 최선을 다했다. 그들은 모두 손상입은 신경들이 다시 붙는 진정한 기적이 요구됨을 알고 있었기 때문이다. 기도하면서 그들은 그에게 휠체어에서 일어나 걸으라고 격려하게 되었고, 그 방 안에 긴장감은 고조되었다. 하지만 사실로 나타난 것은 결국 그 사람은 휠체어를 떠날 수 없었고 낙심한 그의 마지막 상태는 처음보다 더욱 나쁘게 되었다.

이러한 사건―그 외에도 나는 다른 비슷한 경우들을 알고 있는데―이 치유를 격려하기 위하여 이 책에 기록된다는 것이 고통스럽다. 그러나 이러한 슬픈 일들은 아픈 이와 기도해 주는 그룹 양쪽 모두에게 해를 입히고 있다. 그들은 일반적으로 치유사역의 좋은 인상을 심각하게 흐려놓는 것이다. 특수한 영감으로부터 보편적인 법칙을 잘못 추론해 내는 것을 통하여, 우리는 다시금 은혜를 율법으로 바꾸어 놓게 된다.

결과적으로, 이것은 예수 그리스도의 교회 안에서 가장 영광스럽고, 가장 칭송받아야 하며, 가장 위로가 되어야 할 것 가운데 하나인 치유사역 자체가 의도는 좋으나 지혜롭지 못한 몇몇 사람들 때문에 상처를 주고 받는 사역으로 전락되고 만다.

우리는 몇몇 사람들에게서는 "자신들의 치유를 주장하는" 것이 그들 안에 현존하는 하나님의 치유능력을 풀어놓는 길일 것이라고 안전하게 말할 수 있다. 그러나 이러한 방법이 모든 아픈 사람을 위한 것이라고 말하는 것은, 내가 믿기에 목회에 치명적인 해를 입히는 것이다.

다시 폴 투르니에 박사의 글을 인용해 보자:

> 한 사람이 일관성있고 비타협적인 교리의 체계를 발전시킬 때, 이론을 세우고, 반대하는 것들과 화해할 수 없는 논리를 추구하며, 그리고 열광적인 추종자들을 모으는 것은 쉬운 일이다. 그러나 그것을 매일 실행하다 보면, 얼마나 많은 헤아릴 수 없는 신비들과 역설들을 만나게 되는지, 그리고 얼마나 많은 기대하지 않았던 성공과 실패를 경험하게 되는지 모른다!
>
> 나는 언제나 더 많은 인간 마음의 복잡성과 미묘함, 그리고 불가사의를 발견하고 있다. 한 사람이 적지 않은 경험들을 해도, 그것에 의존하여 어떤 이론을 세우려고 할 때, 그는 곧 인생이 그것들에 의해 한계지어지기를 거부한다는 것과 똑같은 결과를 다시 얻을 수 없다는 것을 발견하게 된다.
>
> 한편, 어떤 이가 인생의 곤경에 직면하여 절망과 당혹감과 어쩔 수 없는 한계를 느끼고 있는 그 순간 바로 거기서 그가 어떻게 되었는지도 모르는 생생한 '경험'을 하게 되는 일이 종종 있다.

……그래서 우리는 저마다 그의 개인적인 경험들로부터 일종의 사고 방식을 추론해 내는데, 그것은 그가 다른 모든 사고방식에 대항하는 진리로서 만든 것이다.

우리 각자는 그가 그럴 수밖에 없다고 보는 방식을 옹호하는데 있어 그의 개인적인 경험을 증거로 내세운다. 또한 각자는 그가 좋아하던 방식이 그에게 계시해 주었던 진리들을 고수하면서 그와 일치하지 않은 사람들은 틀렸다고 결론을 내린다…….

우리는 저마다 그의 비밀스러운 약점과 그의 삶 속에서 아직도 지속되는 뼈아픈 실수들을 감추곤 한다. 그것들을 인정하게 되면 그가 진리라고 주장하는 방식에 대하여 의문을 갖게 될는지도 모른다는 두려움 때문이다. 그러면서도 저마다 다른 사람들의 잘못을 지적하고, 그들의 일관성 결여와 잘못을 사용하여 그들의 가르침의 무가치함을 드러내고자 한다…….

라이프니찌의 유명한 말처럼, 모든 방식은 그들이 인정하는 것 안에서는 맞으나 그들이 부정하는 것 안에서는 틀리다.

2) 필요를 채워주시도록 하나님께 간구하되, 언제 또는 어떻게 해달라고 말씀드리지는 말아라.

이것은 경험을 의지함으로 야기될 수 있는 위험을 제거하는 유익한 원리이다. 하나님께서는 분명히 자기 자녀들이 필요한 것을 간구하도록―그리고 끈질기게 간구하기를―격려하신다. 그러나 그분의 지혜 안에서 하나님은 치유가 일어나야만 하는 시간과 장소에 대해 우리보다 훨씬 더 잘 알고 계신다.

나는 기도하는 시간과 실제적인 치유가 일어나는 시간 사이의 간격을 반복해서 목격하고 있다. 한번은 내가 암 때문에 방사선 치료를 받았지만 팔을 영구히 움직이지 못하게 된 어떤 부인을 위하여 기도하는 그룹과 함께 한 적이 있다. 그 부인의 주치의에 따르면, 그 팔의 손상은 영구적인 것이고 물리적인 치료를 통해서는 증세가 호전될 수 없다는 것이었다. 그 기도 그룹은 토요일 밤에 그녀와 함께 기도했다. 그런데 그 부인에게 눈에 보이는 변화가 나타나지 않았음에도 몇 사람이 그 부인이 치유되었다는 분명한 인상을 받았던 것이다. 그 다음 월요일 아침, 잠자리에서 깨면서 그녀는 자신의 팔이 완전히 움직일 수 있도록 회복되었음을 발견하였다.

오랄 로버츠는 자신의 책 〈겨자씨만한 믿음의 기적〉(*The Miracle of Seed Faith*)에서 그가 어떻게 이와 똑같은 사실—치유에 관련된 것은 아니고 경제적인 필요를 위하여 기도했을 때—을 발견하였는지 묘사하고 있다.

그는 우리가 필요한 '것'을 위해서는 기도하되, 하나님께서 필요를 채우는 '시간이나 방법'에 대해서는 결정하려고 하지 말 것을 제안했다. 비록 우리가 "주여, 부자인 나의 사촌의 마음을 감동시키셔서 나를 돕도록 해주옵소서."라고 기도하고픈 유혹을 받을지 모르지만, 우리는 단순히 우리의 필요한 것만을 아뢰고 나머지는 하나님께 맡기는 것이 더욱 잘하는 것이다. (아주 긴급하게 재정이 필요했던 세 번의 경우를 통하여, 나는 이것이 진리임을 발견하였다. 나에게 도움을 주리라고는 전혀 기대하지 않았던 사람들이 '기도하던 중' 마음에 충동이 생겨 수표를 편지에 넣어 보내거나 직접 나타나서 도움을 주었던 것이다.)

만일 우리가 기도한 후에 치유된 것 같아 보이지 않는 사람이 있더라도, 우리가 할 수 있는 최선을 다해 하나님의 인도와 지혜를 구하였다면 우리는 염려할 필요가 없다. 나는 아주 많은 진행되는 치유들(곧 일정한 시간을 두고 일어나는 치유들)과 아주 많은 지연되는 치유들을 보았다. 그래서 지금은 기도만 하고 결과는 하나님께 맡긴다.

"어쩌면 지금은 때가 아닌 것 같군요. 최종적인 치유를 가져오려면 저 말고 다른 사람의 기도도 필요할 것 같네요. 아마도 이번 기도가 그 과정으로 나아가는 시작인지도 모릅니다. 시간이 지나면, 오래토록 갈망하던 치유가 일어날 것입니다."

나는 하나님께서 어떻게 그의 피조물들을 필요를 그들이 요청할 때 채우시는가, 그러나 그분이 일하고자 하실 때 인간의 계획을 훨씬 뛰어넘는 그분의 지혜 안에서 정하신 시간과 방법으로 채우시는가에 대한 한 가지 아름다운 예를 지금도 기억하고 있다.

한 부인이 내적인 치유를 위하여 기도를 요청하였다. 그것은 가난한 어린 시절 그녀의 아버지와의 관계에서 파생되어 그녀가 인간으로서 자신을 사랑스럽고 가치있는 존재로 받아들이는데 그녀의 자아에 미친 나쁜 영향들을 고치려는 것이었다. 그 부인은 다음과 같이 썼다:

이 편지는 주님께서 지난 주말에 나를 도우시기 위하여 영성수련 기간 동안에 행하셨던 아름다운 일을 알리기 위함입니다.

내가 당신을 만나기 위하여 신청을 하였을 때, 나는 정말 왜 그래야 하는지 확신하지 못했습니다. 지난해 동안 내가 받았던 그 모든 아름다운 치유의 기억들이 내 마음을 스치고 지나갔습니다. 나는 내가 단지 태어나 며칠밖에 되지 않았을 때 받은 상처들을 위하여 기도받았습니다. 다른 사람은 내가 어린시절 성(性)에 관해 느꼈던 죄책감을 위하여 기도해 주었습니다. 한 친구는 지난해 내가 공동체 안에서 받았던 상처들을 위하여 기도했습니다. 이러한 모든 치유들은 실제적이고 강력했기에 나는 다시금 내가 나의 권리를 회복하게 되었는지를 질문해 보았습니다. 하지만 여전히 인간으로서 내 자신에 대해 불안해한다는 것을 알았습니다.

토요일, 당신에게 기도를 받고나서 두 가지 일이 나를 놀라게 했습니다. 첫째는, 나의 필요를 알게 하시려고 주님께서 당신에게 주셨던 아름다운 분별의 은사에 관해서였습니다. 나는 불과 몇 분만에 당신이 내가 의식하고 있지 못하던 두 가지 상처—나의 외모와 나의 아버지에 대한—를 지적해 내는 데 경탄할 따름이었습니다.

둘째는, 당신이 나를 위하여 기도해 준 후에도 전혀 해방감을 느끼지 못했다는 것입니다. 내면세계의 치유에 관한 과거의 내 경험은 그 능력을 확실히 믿도록 해주었습니다. 하지만, 이번 경우는 아무런 것도 느낄 수 없었습니다. 이전에는 매번 커다란 평화를 동반하는 해방감 같은 것이 있었습니다. 언제나 나는 눈물을 흘리곤 했었습니다. 그래서 나는 방으로 돌아와 치유가 이미 시작되었다고 믿으며 마치 음식이 다 된 압력솥이 김을 내뿜는 것 같은 기분을 느꼈습니다. 치유를 신뢰하는 기도를 드리지 않을 수 없었지요.

……나는 점점 그 첫 번째 치유를 경험하게 되었습니다. 나는 내가 아름답다고 느끼기 시작하였습니다. 그런 느낌은 막연히 비현실적인 것이 아니었습니다. 실제로 나는 거울을 들여다보며, 나 자신에 대해 웃을 수 있게 되었습니다. 더 이상 피하고 싶은 누군가를 보는 것처럼 느끼지 않게 되었습니다.

그 후 월요일 오후, 기도하는 가운데 나는 두 번째 치유가 일어나는 것을 확신하게 되었습니다. 아버지가 나를 팔로 감싸는 것을 느꼈던 것이지요. 아버지는 나를 무척이나 사랑하고 계셨습니다. 언제나 자신의 것을 풍족하게 베풀어 주셨습니다. 그러나 지금 나에게 필요한 것은 아버지가 그 사랑을 표현해 주는 것이었습니다.

수요일 저녁, 내가 집에 놀아갔을 때, 나는 아버시에 말해야 한다는 것을 알았습니다. 가슴이 저며왔습니다. 눈물이 날 것만 같았습니다. 그런데 하나님은 얼마나 선하신지요! 나는 어머니가 주무시러 간 다음에 아빠 앞에 앉았습니다. 눈물이 터져나와 울고 또 울었습니다. 그러자 아버지는 나를 안아 주시면서 무슨 일이냐고 물으셨습니다. 나는 사실대로 아버지에게 말씀을 드렸습니다. 내가 울고 있는 동안, 아빠는 나를 안아 주셨습니다. 우리는 처음으로 서로에게 사랑을 표현할 수 있었습니다. 주님께서는 약 반 시간 동안이나 나에게 눈물의 은사를 주셨습니다. 그것은 나에게 커다란 평화를 가져다 주었습니다. 하나님에 대한 신뢰를 더하여 주었습니다.

참으로 놀라운 일이었습니다. 우리 아버지 하나님의 사랑을 인하여 그분을 찬양합니다. 이제 나는 그 사랑을 좀더 분명히 알고 있습니다. 이제 나의 일터로 복귀할 것입니다. 그것은 하나님의 사랑 안에서 즐거운 일이 될 것입니다. 결국에는 내가 그렇게 사랑하는 사람들에게 나를 통하여 예수님의 사랑이 흘러넘치게 될 것이기 때문입니다.

이 경우는 내가 그처럼 자주 보고 있는 다른 진행 중인 치유들 가운데 하나다. 주님은 피상적인 차원에서 기도에 응답하지 않으신다. 그분은 사람들이 문제의 근원으로 돌아가서 치유받기를 원하신다. 아버지와 딸의 관계에서 문제가 풀리고, 단지 어떤 추상적인 방법으로가 아니라 실제 삶 속에서 관계가 깊어진다는 것은 얼마나 훨씬 더 아름다운 일인가! 이 여인에게 완전하고 즉각적인 기도의 결과는 불만족스러운 것이었지만, '압력솥' 같은 감정은 나흘 뒤에 일어날 최종적인 치유를 위한 준비였음이 증명되었던 것이다. 만일 나의 기도에 대한 즉각적인 응답이 잘 나타나지 않는 것에 대해 내가 개인적으로 지나치게 걱정하였다면, 아마 나는 그것이 점진적으로 성공에 이르는 것을 방해하였을는지도 모른다.

달라스에 사는 밥 카브나 여사는 치유에서 하나님께서 택하시는 방식이 무엇이든 간에 우리는 열려 있어야 한다는 것에 대한 다른 예를 보여 주고 있다. 여러 해 동안 카브나 여사는 등에 통증을 느꼈다. 이 특수한 경우에, 그녀는 한 남자가 사람들과 함께 그녀가 생각하기에는 웃기는 방법―이른바 "다리를 늘어나게 하는" 식의 기도를 하는 모임에 참석했다.

그럼에도 불구하고, 그녀 안에 있는 무엇인가가 그녀로 하여금 그 기도그룹에 참석토록 했다. 거기서 그녀가 발견한 것은 그러한 기도가 자신이 상상했던 것같은 거부감이 드는 것이 아니라는 것이었다. 부드러운 내면의 소리는 그녀에게 기도를 요청해 보라고 설득했다. 그녀는 그렇게 했고, 즉시 치유되었다―이전에는 그녀가 완전히 불합리하다고 생각했던 그런 방법으로.

기대하지 않았던 방법으로 하나님이 역사하신 또 다른 치유의 예는 아비나 마이클의 경우이다. 우리 그룹은 전에도 아비나를 위하여 기도한 적이 있었다. 그 여자는 함께 있던 다른 두 명의 여자들이 죽음을 당했던 교통사고 때문에 심하게 상처를 입고 휠체어를 타고 왔었다. 그 전에 기도에서 그녀의 팔은 완전하게 치유되었고, 결과적으로 큰 확신을 가진 아비나는 몇 달 뒤에 휠체어에서 일어나 걸을 수 있게 되도록 무릎 치유를 위하여 기도를 요청했던 것이다. 우리 치유기도 팀은 간구하는 기도를 할 때 특별히 효과적인 원리를 따라 그녀의 휠체어를 둘러싸고, 그녀의 무릎을 위하여 기도했다.

갑자기, 그녀가 손으로 얼굴을 가렸다. 우리는 그녀의 얼굴표정에 나타나는 변화를 보았는데, 우리는 안면의 마비증세와 신경통이 치유되는 과정을 보았다. 그런데 이것은 그녀가 우리에게 언급조차 하지 않았던 부분이었다. 요컨대, 우리는 그녀의 무릎을 위하여 기도했는데 치유는 그녀의 얼굴에서 일어났던 것이다. 그 후 그녀는 완전히 치유되었다. 지금은 어려움 없이 걸어다닐 수 있게 되었다.

나는 이와 비슷한 예기치 못한 치유들의 경우를 많이 목격했다. 분명한 것은, 주님께서 우리가 그분께만 믿음을 가지기 원하고 우리 자신의 계획된 방법에 의존하지 않게 되기를 확실히 원하신다는 것이다. 이러한 경험들은 하나님께서 얼마나 유머 감각을 가지신 분인가를 보여준다. 일이 이렇게 일어나야 한다고 우리가 미리 전제하는 것을 뒤흔들어 놓으신다.

시간이 흐를수록 우리는 치유과정의 복잡성을 재발견하게 된다. 그래서 그것은 우리로 하여금 일을 진행시키시는 하나님의 지혜를 탐구하도록 만든다. 그때에 우리는 불안해하지 않으면서 결과를 그분께 맡길 수 있는 것이다.

20세기에 가장 뛰어난 치유사역자 가운데 한 사람인 캐더린 쿨만은 자신의 사역을 통하여 왜 어떤 사람들은 치유되고 어떤 사람은 치유되지 못하는가에 대한 질문들을 종종 받았다. 오랜 그녀의 경험을 통해, 그녀는 우리가 지금 여기서 논하고 있는 것과 똑같은 결론에 이르렀다. 한 인터뷰에서 그녀는 자신이 배운 것을 다음과 같이 나누었다:

"나는 하나님께서 더 좋아하는 신학적 이론 같은 것을 가지고 계시지 않다고 결론내렸습니다"라고 미소지으며 내게 말했다. "우리는 하나님 주변에 울타리를 세우려고 노력하는 사람들인데, 그것은 그분을 우리의 수준으로 끌어내리려는 것입니다. 하지만 그것은 소용없는 일이지요. 하나님은 우리가 제한하기에는 너무 크신 분이시니까요."

"나는 어떻게, 왜 신유를 행하는가에 대한 책을 결코 쓰지 않았습니다. 그렇게 하라는 요청들에 둘러싸여 지냈지만 끝내 쓰지 않았습니다. 다른 이유가 있는 게 아닙니다. 그냥 그것을 어떻게, 왜 써야 하는지를 내가 모르기 때문입니다. 당신도 보다시피, 그러한 책을 막 출판하려고 할 즈음에 성령께서는 내가 말하던 바와는 완전히 반대되는 어떤 일을 행하시거든요. 나는 하나님이 움직이시는 신비로운 방법들을 아직도 배우고 있는 중입니다. 당신께 한 가지 말씀드릴 것이 있다면, 하나님께서는 유머 감각을 지니신 분이라는 것이지요. 나는 이 사실을 확신하고 있습니다."

그녀 자신의 신학적 전제들이 깨어지게 되었을 때, 그 전도자는 다음과 같이 인정하였다:

"내가 무척 어리고 지금 내가 하고 있는 것보다 더욱 많은 것들을 알고 있던 시절이 있었습니다. 그때는 '당신은 치유받기 위하여 이런 저런 일을 해야만 한다. 치유에는 몇 가지 조건들이 있다'고 말했었습니다. 가령, 내가 생각하기에는 치유를 요청하는 사람의 믿음이 절대적으로 필요하다고 보았었습니다.
그러던 어느날, 나는 인생에서 큰 충격을 받았다. 어떤 남자가 자신은 귀가 먹었었는데 집회하는 중에 열렸다고 말했습니다. 전혀 믿음이 없던 사람이었는데. '믿을 수 없어, 나는 결코 교회에 가본 적도 없거든!'이라고 말하는 것이었습니다. 거기서 나의 신학은 창밖으로 던져져 버렸습니다……."

"다른 예를 하나 더 들지요. 이십 년 전에는 어떠한 경우든 예외없이 모든 사람이 치유되는 것이 하나님의 뜻이라고 절대적으로 확신했었습니다.
하지만, 이 점에 대하여 매우 주의깊게 관찰해 오고 있습니다. 이제

나는 우리가 하나님께 어떤 일을 하시라고 요구하거나 명령할 수 없다는 것을 알았습니다.
일반적으로는 치유하는 것이 하나님의 뜻이라고 분명히 믿고 있지만 특별한 경우, 무엇이 그분의 뜻이고 무엇이 그분의 뜻이 아닌지에 대해서 나는 절대적으로 말할 수 없습니다. 거기에는 단지 내가 건드릴 수 없다고 배운 어떤 것들이 있는 것이지요."

젊은 날, 캐더린 쿨만은 많은 사람들이 치유집회에 왔다가 치유받지 못했을 때 죄책감을 갖게 됨으로써 상처받는 것을 보았다. 그래서 내가 들었던 치유집회에서 그녀는 설교 때마다 명백하게 선언을 하였다. 그녀는 자신이 왜 어떤 사람들은 치유받지 못하는데 어떤 사람들은 치유받는지에 대하여, 또 완전한 믿음을 가지고 참석했던 사람이 치유받지 못하고 돌아가는가 하면 아주 회의적이었던 어떤 사람들이 치유받고 돌아가는지 알지 못한다고 인정하였다.

치유는 신비다. 우리가 할 수 있는 최선은 그 신비 앞에, 즉 하나님 앞에 무릎을 꿇는 것뿐이다. 하나님께서 자신의 마음을 보여 주시기로 작정했을 때, 우리는 확신을 가지고 행동할 수 있다. 그러나 다른 시간들에서, 우리가 어떤 특별한 경우 의문이 있을 때, 할 수 있는 가장 최상의 정직한 일은 우리의 의심을 인정하고 하나님의 뜻의 경이로운 신비 앞에 무릎을 꿇는 것이다.

여기, 욥이 하나님께 마지막 드렸던 겸허한 대답이 있다:

주님께서는
못하시는 일이 없으시다는 것을,
이제 저는 알았습니다.
주님의 계획은

어김없이 이루어진다는 것도,
저는 깨달았습니다.
잘 알지도 못하면서,
감히 주님의 뜻을
흐려 놓으려 한 자가
바로 저입니다.
깨닫지도 못하면서
함부로 말을 하였습니다.
제가 알기에는,
너무나 신기한 일들이었습니다
(욥기 42장 2-3절).

10
"그러나 그 가운데서 으뜸은 사랑입니다"

치유에서 믿음은 필수적이다. 아픈 사람이나 치유를 위하여 기도해 주는 사람 모두에게 그렇다. 그러나 치유사역에서 첫 번째로 필요한 것이 있다면, 그것은 사랑이다. 그럼에도 불구하고, 나는 치유과정에서 사랑이 차지하고 있는 그 최고의 위치를 설교하는 것을 거의 들어보지 못했다.

글렌 클락은 치유에서 사랑의 분위기가 얼마나 중요한지에 대해 글을 쓴 적이 있다. 그는 이러한 사랑의 현존이 아그네스 샌포드의 사역의 강점임을 발견하였던 것이다.

내가 이제까지 만났던 사람 가운데 그 누구보다도 아그네스 샌포드가 더 많이 가지고 있는 "그 밖의 어떤 특별한 것"은 감지하기에도 어렵거니와 말로 표현하기에도 그렇다. 그것은 마치 우리가 호흡하고 있는 공기처럼 사라지기 쉽다. 규정지을 수 없는 어떤 것이다. 더 좋은 단어가 없기 때문에 나는 그것을 치유에 필요한 '분위기'

(climate)라고 부르고자 한다…….

누구든지 아그네스가 있는 곳으로 걸어 들어가는 사람은 치유를 위한 적합한 분위기 속으로 걸어 들어가게 된다. 이 책의 원고를 검토하면서 나는 그녀가 가진 치유의 '기술'에 대해서는 단지 부수적인 관심만을 가졌을 뿐이다. 나는 그녀가 그러한 것을 가지고 있음을 알기 때문이다. 나는 그들의 생애 가운데 그 누구도 치유해 본 적이 없는 수많은 사람들이라 할지라도 역시 그러한 기술을 가지고 있음을 알고 있다.

나의 주된 관심은 (영성적인 온도가 아직 영점 이하인 세상 사람들을 위하여 씌어진) 이 책이 치유를 살아 있는 현실적인 것으로 만들 수 있는 기후 곧 '분위기'를 제공해 줄 수 있는가의 여부를 알아내는 데 있었다. 그런데 나는 이 책이 정확하게도 그러한 일을 하고 있다는 것을 발견하였다. 얼마나 기쁘던지!

이 책은 이 소년과 그와 비슷한 다른 많은 사람들이 믿음과 사랑의 분위기에 접하게 되는 것만으로도 어떻게 치유를 받게 되었는가를 보여주고 있다. 만일 이러한 믿음과 사랑에다가 열심과 유머 그리고 쾌활이라는 따사로운 햇살만 더해진다면, 더 이상 바랄 게 없을 것이다.

우리가 하고 있는 다른 무엇이 있든지 간에, 치유를 위한 기도를 드릴 때 우리가 믿음과 사랑의 분위기를 조성하는 것은 절대적으로 중요하다. 사랑이 있을 때, 나는 치유사역의 그 어떤 방법에 의해서도 상처받는 사람을 결코 본 적이 없다.

치유 목회자는 어떤 면에서 하나님을 대변한다; 우리는 예수님 바로 그분을 대표한다. 그러므로 아픈 이들은 우리에게서 하나님이 어떤 분이신가를 어느 정도 볼 수 있게 되기를 기대하고 있다. 자신의 연약함을 아는 우리로서는 이것이 당황스러운 일임에 틀림없다. 실제로 사람들이 우리 안에서 예수님을 발견하기를 기대한다는 생각은 충격적이기조차 한다. 하지만 그들은 그렇게 생각하고 있는 것이다.

만일 우리가 소리지르며 아픈 이에게 그들의 치유를 받아들이라고 요구한다면, 사람들이 우리 안에서 보게 되는 하나님의 모습은 자신의 백성들에게 진노하시며, 때로는 거칠고 독단적인 분이 될 것이다. 그러나 만일 우리의 얼굴과 음성을 통하여 하나님의 사랑을 보여주게 된다면, 아픈 이는 그 동료 안에서 구체화된 예수님의 동정심과 사랑을 보게 될 것이다.

이것은 이미 우리가 앞에서 이야기했던 우리가 어떤 하나님을 믿는가와 통하는 내용이다. 예수님은 그분 자신이 하나님이라는 것을 증명하기 위해서 치유하신 것이 아니다. 그분이 넘치는 사랑과 동정심을 가진 하나님이셨기 때문에 치유하신 것이다. 죄인들과 아픈 이들이 무리를 지어 그분께 몰려들었던 것은 그가 그들 모두를 손내밀어 만져 주셨기 때문이다. 우리가 무의식적으로나마 '하나님이 어떤 분이라고 생각하는 것'은 치유사역에서 우리가 무엇을 강조해야 하는가에만 영향을 끼치는 것이 아니다. 우리가 사람들과 함께 기도하는 방법에도 영향을 끼친다.

1. 치유의 속성

1) 능력에 대한 강조

치유에서, 우리는 두 가지 속성 가운데 하나에 강조점을 둘 수 있다. 하나님의 능력이든지 또는 하나님의 사랑이든지. 모든 치유에서, 이 둘은 다 나타난다. 그러나 인간의 유한함 때문에, 우리는 이들 가운데 하나에만 집중하고 다른 것을 부수적으로 만드는 경향이 있다.

치유에서 하나님의 능력을 강조하는 사람들은 믿는 이에게 베푸시는 하나님의 놀라운 능력과 기적에 대한 약속을 붙잡는다. 그들은 아픈 사람들이 이러한 약속들을 붙잡는 것이 필요하다는 믿음을 강조한다. 그들에게서 하나님의 약속은 이미 주어졌다. 그러기에 아픈 사람은 그러한 약속을 믿음으로 받아들여 주장해야 한다. 그러면 마침내 하나님은 치유하시기 위하여 능력과 사랑 안에서 행동하심으로 그러한 믿음을 축복하신다.

하나님의 능력을 강조하는 사람들의 기도는 권위적이다. 그것은 보통 큰 목소리로 외쳐지고 힘있게 안수하는 것을 동반한다. 이러한 것은 하나님의 권위와 능력을 반영하는데 있어서는 유익하다. 하지만, 이미 앞에서 언급했다시피, 그것이 믿음을 성취하기 위한 우리의 노력과 성경의 율법적 요소들을 지나치게 강조할 수도 있다. 능력을 강조하는 설교자는 그의 사건을 변론하는 변호사와 매우 비슷하다. 그는 성경을 꽉 붙잡고 이렇게 말한다:

> 확실한 약속들이 여기에 있습니다. 우리는 기록된 계약서를 가지고 있는 것입니다. 하나님 편에서는 자신이 말씀하신 것에 대해 절대적으로 신실하십니다. 만일 여러분이 이 약속들을 받아들일 수만 있다면, 여러분은 치유받을 것입니다. 하지만 만일 여러분이 이 약속들을 받아들일 수 없고, 이 계약서를 받아 들일 수 없다면, 여러분은 치유받지 못할 것입니다.

나는 어떤 전도자가 다음과 같이 말하는 것을 들었다. "거기 서 있는 모든 사람들이여—여러분은 약속(promises) 위에 서 있습니까, 아니면 전제(premises) 위에 앉아 있습니까?"

여기서 한 사람이 약속 위에 서 있어야만 한다는 것이 사실이기는 하지만, 바로 그러한 비유는 한 작은 사람이 성경 위에 서서 격렬하게 주먹을 흔들어 대며 마치 하나님께 다음과같이 소리치는 장면을 연상시켜 준다. "하나님, 당신은 나에게 관심을 가져야만 하며, 당신의 약속을 지켜야만 합니다!"

그렇지만, 만일 우리가 하나님이 우리를 사랑하는 아버지가 되시며 성령을 선물로 주셔서 "아바, 아버지"라고 부를 수 있도록 하셨다는 사실을 안다면, 우리는 소리를 지를 필요가 없다. 자기 집에 있는 아이들은 자기 아버지의 약속들을 주장할 필요가 없다. 그들은 그저 그 약속을 신뢰하기만 하면 된다. 그들이 요청하고 필요로 하는 모든 것을 주실 사랑하는 아버지가 확실히 계시기 때문이다.

나는 우리 자신들이 약속들 위에 "앉아 있는 것"(resting)이 오히려 그것들 위에 "서 있는 것"(standing)이라고 생각하는 것보다 훨씬 더 큰 믿음의 증거라고 믿는다 물론 이것은 단순한 표현의 차이일 뿐이다. 하지만, 한 사람이 하나님에 대하여 어떻게 생각하고 있는지 그 개념을 보여주고 있다.

예를 들어, 우리 집안에서는 어떤 사람들이 하나님께 말하는 식으로 내 아버지에게 말하는 것을 감히 상상도 할 수가 없다. 나는 마치 어린이인 내 자신이 식탁에 앉아서 큰소리로 아버지에게 음식을 내놓으라고 소리치는 모습을 그려볼 수 없다. 오히려, 나는 조용히 그에게 닭고기 좀 달라고 요청할 것이다.

조용함은 신뢰와 확신의 증거다. 하지만 큰소리로 주장하는 것은 깊은 불안을 나타내는 것이다. 약속에 대한 깊은 믿음과 신뢰를 주장한다는 어떤 기도들이, 나에게는 불안과 초조한 목소리로밖에 들리지 않는다─마치 자신들이 깊은 공포감을 느끼고 있다는 것을 감추기 위하여 큰

소리를 치는 어떤 사람들의 말처럼.

2) 사랑에 대한 강조

치유에 관하여 가르치는 다른 방법은 하나님의 사랑을 강조하는 것이다. 여기에는 물론 그분의 능력도 포함되어 있다. 하나님의 사랑의 신비를 주장할 때, 우리는 열린 마음과 회개하는 심정으로 그분께 나오는 모든 사람들을 구원하시고 치유하시고자 하는 하나님의 뜻을 강조한다. 이러한 설교는 우리가 하나님의 사랑을 받아들이고 이 사랑에 반대하는 모든 것, 특별히 미움과 용서하기를 싫어하는 마음을 버려야 한다는 것에 대해 강조한다. 그리고 기도의 응답은 하나님께 맡기는 것이다. 중요한 것은 하나님이 우리를 사랑하시기 때문에 언제나 우리 기도를 들으시고 응답하신다는 것이다. 때로는 기대하지 못했던 방법으로, 때로는 응답을 연기하기도 하시지만, 언제나 응답하신다는 사실이다.

개인적으로 나는 예수님 안에서 눈에 보이게 나타난 하나님의 사랑에 대해 강조하는 것을 더 좋아한다. 바로 거기서 그분의 치유하시는 능력도 흘러나온다. 우리가 예수님에게 더 집중하면 할수록, 치유의 결과를 보고자 하는 소원은 더 적어진다. 우리가 덜 염려하면 할수록 우리는 더욱더 평안을 누리게 된다. 그 때에 우리는 정직해지는 것이 쉽다는 것을 깨닫는다.

우리가 하나님의 사랑에 초점을 맞추게 될 때, 우리는 모든 사람이 치유되는 것이 아니라는 것을 인정할 수 있다. 그리고 이것은 우리의 이해를 벗어난 감춰진 비밀이라는 것을 인정할 수 있게 된다. 하지만, 그럼에도 불구하고, 우리는 하나님께서 치유하신다는 사실을 믿고 있다는 것과 그분의 일반적인 뜻은 모든 사람이 치유되기를 원하신다는 것을 확언할 수 있다. 대부분의 사람들은 병의 증상은 그렇지 않은데 그들이 치유되었다고 말해 주는 접근방법이나 또는 그들의 치유를 주장하라고 하는 것, 그리고 약을 먹는 것을 중단하라고 명령하는 것보다 보통 이러한 접근방법에 더욱 편안함을 느끼고 있다.

개인적으로도, 나는 기도하게 될 때 오직 하나님의 사랑만을 생각하는 것이 내 자신에게 더욱 쉽다는 것을 발견한다. 나는 목소리를 크게 높이거나 어떤 권위적인 위치를 차지해야 할 필요를 발견하지 못한다. 어떤 선한 것이든 간에, 그것은 그분의 능력과 그분의 사랑이라는 하나님의 뜻을 통하여 이루어지는 것이지, 아픈 사람이 가지고 있지 않은 믿음을 나 자신의 노력을 통하여 불러일으킴으로 되는 것이 아니라는 것을 알게 될 때, 나는 단지 내 자신이 될 수 있다. 요컨대, 우리는 하나님을 가장 중요한 분으로 여겨야 한다. 우리 자신을 너무 중요하게 생각해서는 안 된다. 치유는 믿음을 시험하는 것이 아니다. 하나님께서 그 풍성하신 사랑으로 자연스럽게 응답해 주시는 것이다.

2. 치유를 위하여 기도하는 방법

분명한 것은, 우리가 가진 치유에 관한 개념이 우리가 치유를 위하여 기도하는 방법에도 영향을 미친다는 것이다. 만일 우리가 그분의 능력뿐 아니라 하나님의 사랑을 보여주기를 원한다면, 우리는 부드럽게 말할 것이다. 그리고 우리는 "그리스도 예수의 마음을 품게" 될 것이다. 우리 목소리의 높낮이는 예수님과 우리가 연합되어 있음을 반영할 것이다. 또한 우리의 눈은 예수님의 동정의 눈빛을 띠게 될 것이다. 우리는 빛 가운데 드러나야 할 것은 무엇이든 벗겨 내겠지만, 우리는 이것을 정죄하기 위해서가 아니라 사랑하기 때문에 할 것이다.

우리는 무엇을 증명하고자 하는 것에서, 업적을 이루고자 하는 어떤 개인적인 야망으로부터 자유로워져야 한다. 우리의 기도가 치유의 효과를 나타내는 데 실패함으로 낙담하게 될 때, 바로 그때가 우리의 사역 속에 섞여 있는 실패에 대한 우리 자신의 공포가 얼마나 큰가를 봄으로 우리 동기를 시험해 볼 순간이다. 내 자신은 믿음을 요구하는 것이 하나님의 영광을 변호하기 위한 것이라고 생각할지 모른다. 그러나 아마도 진정으로 변호하고자 하는 것은 성공적인 치유사역자로서 내 자신의 이미지일 것이다.

내가 거듭거듭 내 마음에 생각해야만 하는 것은 치유의 은사가 나를 통하여 일하시는 하나님의 성령의 나타나심이라는 것이다. 그것은 내가 소유하고 있어서 마음대로 켜고 끌 수 있는 어떤 '물건' 같은 것이 아니다. 오히려 그것은 나를 통하여 다른 누군가를 돕기 위한 하나님의 성령의 스쳐가는 움직임으로서 일종의 일시적인 은혜인 것이다.

대부분의 치유에는 세 인격이 개입되게 된다. 하나님, 아픈 이, 그리고 치유사역자다. 치유사역자로서 나의 역할은 믿음의 기도를 드리고 그 길로 움직여 나가도록 하는 것이다. 사실, 그 아픈 이는 다른 어떤 사람의 도움 없이도 하나님의 도움을 요청할 수 있다. 중요한 인격들은, 바로 사랑이신 하나님과 그러한 하나님의 사랑에 가득 찬 동정심을 유도해 낼 수 있는 질병을 지닌 아픈 이 자신이다. 나는 단순히 하나님의 사랑을 전달하는 인간 통로일 뿐이다. 그러기에 나는 그에 대해 겸손해야만 하는 것이다. 때때로 나도 쓰임받을 수 있다. 하지만 때로는 쓰임받지 못할 수도 있다.

어떤 사람들은 나를 치유자라고 부른다. 그러나 그런 말을 듣는 내 마음은 편하지가 않다. 그러한 호칭은 마치 면허증을 소유하거나, 별을 단 계급장처럼 일종의 신분을 암시한다. 어떤 것을 항구적으로 소유하여, 그것을 마음대로 할 수 있는 것 같은 인상을 준다. 그러나 그러한 생각은 진실이 아니다.

때때로 하나님은 나의 기도를 사용하셔서 치유하시기 위하여 만져 주신다. 하지만 어떤 때는 그렇게 하시지 않는다. 왜 일이 그렇게 되는지 나는 알지 못한다. 내가 아는 것이란 통제를 할 수 없는 무능력이 나로 하여금 겸손하게 만들고, 치유의 능력이 어디로부터 나오는 것인가를 나로 하여금 깨닫도록 도와준다는 것이다. 그래서 우리가 해야만 하는 모든 것은 단지 우리가 할 수 있는 최선을 다해 기도하는 것, 그리고 무엇보다 우리에게 나아오는 모든 아픈 이들과 상처입은 이들을 사랑하는 것이다.

나는 사랑의 기후가 형성되었을 때 놀라운 일들이 일어나는 것을 보았다. 때로는 치유를 위한 명백한 기도 없이도 치료가 일어나곤 했다. 예를 들어, 나는 결혼한 부부들이 서로간에 사랑이 증진되도록 기도해 달라는 요청을 아주 짧은 시간에 두 번이나 받았던 것을 기억한다. 한번은 우리 팀이 척과 알리스라는 부부의 사랑이 깊어지도록 기도해 주었다. 그런데 우리가 기도하자 오랫동안 알리스를 괴롭혀 오던 어깨에 있던 종양이 가라앉기 시작하더니 마침내 뜨거운 열기를 느낌과 동시에 사라져 버렸던 것이다.

바로 이어서 그와 비슷한 사건이 일어났다. 우리 가운데 몇 사람이 한 선교사와 그 부인을 위하여 기도하고 있었다. 그들의 기도 역시 이들 부부 사이에 사랑의 줄이 견고해지기를 간구하는 것이었다. 우리가 기도하기를 마친 후, 그 남편 되는 사람이 자기 배에 변화가 있음을 깨닫고 크게 놀랐다. 그는 계속해서 말하였다:

그것이 없어졌습니다! 그것이 없어졌단 말입니다!

우리는 그가 수년 동안 고생해 오던 탈장이 막 치유되었다고 말해 주기까지 무슨 일이 일어났는지 어리둥절했다.

시간이 흐르면 흐를수록, 우리는 직접적인 기도를 통해서 뿐만 아니라 그저 서로서로를 향한 사랑 때문에 사람들이 치유된다는 것을 발견하게 된다. 우리가 하나님을 사랑하고, 또 우리가 서로를 무척이나 사랑하기에 다가가서 치유하고자 하는 사랑의 기후가 형성되어 있을 때 일하시기를 기뻐하시는 것처럼 보인다.

치유를 위한 기도를 하는 사람 편에서는 태도 그 자체가 치유과정의 일부분이다. 폴 투르니에 박사가 말했듯이, 그 모든 태도는 영성적인 자세에 달려 있다:

> 당신은 어린이에게 충고한다. 그런데 당신의 마음상태가 그 충고 자체보다도 훨씬 더 중요하다. 어쩌면 당신은 공포심—그 아이가 '잘못되지나 않을까' 하는—때문에 그럴지도 모른다.
>
> 이러한 경우, 당신은 그러한 공포를 그에게 암시하게 된다. 비록 그것을 명백하게 드러내지 않더라도 그렇다. 그러면 당신의 충고는 비록 그것이 적절한 것일지라도, 그 아이의 생각을 악한 쪽으로 기울어지게 함으로, 악에게 기회를 주게 된다. 하지만 만일 당신이 신중하고 신뢰할 만한 지혜로 말미암은 영감 때문에 그랬다면, 이 똑같은 충고가 유익하게 될 것이다.

투르니에 박사의 경고는 치유사역에서도 직접 적용된다. 나는 진정한 치유의 은사들을 활용하는 사람들을 보아 왔다. 그들의 기도때문에 많은 이들이 치유되는 놀라운 결과도 있었다. 그런데 그 치유자들 가운데에는 동시에 어떤 불안과 공포를 유발시키는 것 같은 이들도 있었다. 그들은 지속적으로 치유를 행하기도 하지만, 한편으로는 어떤 이들에게 더욱더 큰 불안과 공포를 야기시켜 상처를 입히기도 한다. 나는 모든 치유가 치료받는 사람들에게 더 친밀한 하나님의 임재의식과 그분의 능력과 사랑을 인식하도록 해야 한다고 믿는다. 그 누구도 결코 상처를 입어서는 안 된다.

이것이 캐더린 쿨만이 놀랍도록 성공적인 치유사역을 할 수 있었던 이유 가운데 하나인 듯하다.

> 기적적인 사역 안에서 사랑과 용서의 공동체가 창조됩니다. 사람들은 자기 이웃과의 풍성한 교제를 끊어지게 할 뿐 아니라 자기의 깊은 자아로부터 자신을 차단시켰던 공포와 불신과 이기심의 장벽들을 내려놓을 수 있는 안정감을 느끼게 되지요. 그 안에서는 자기 고립감이 다 사라집니다. 개인들은 실수와 죄악에도 불구하고 받아들여지는 사랑스러운 가족의 상징인 그 그룹 안에서 자신들을 잃어버리게 됩니다. 그는 다른 사람의 필요에 자신을 일치시킵니다. 그는 때때로 자신의 질병이나 필요를 잊고서 더 큰 필요가 있는 누군가의 문제를 위하여 기도하게 됩니다. 이렇듯 자기를 잊어버림 속에서, 놀랍게도 그 자신이 치유됩니다.

치유를 위한 모든 기도 가운데, 하나님의 사랑과 능력은 둘 다 요청된다. 그래도 가장 첫 번째 위치에 놓아야 할 것은 그분의 사랑이다. 능력과 권위를 나타내고 약속들을 주장하는 것은 치유사역에서 완숙한 전도자들에게는 좋을는지 모른다. 하지만 주인이 아니라 종인 단순한 사람들에게는, 사랑의 방법이 스스로를 속이는 것보다 훨씬 덜 위험하다. 더 나아가 그것은 도움을 요청하는 아픈 이에게 불안감이 아닌 평안을 가져다 준다.

> 또 산을 옮길 만한 모든 믿음을 가지고 있을지라도, 사랑이 없으면, 아무것도 아닙니다 (고린도전서 13장 2절).

3. 인간적인 사랑의 치유적 측면

내가 이 책을 쓴 지도 어언 25년이 다 되었다. 그런데 그 동안 의학 분야에서는 그야말로 놀라운 변화가 생겼다. 곧 점점 더 많은 과학자들과 의사들이 우리 안에서 일어나는 영성적인 것과 우리 몸을 치유하거나 해롭게 하는 것 사이에 놀랄 만한 연관이 있음을 연구하고 있다는 사실이다. 사랑과 용서의 영역에서 수많은 연구들이 보여주는 것은 사랑이 우리 건강에 비상한 영향을 끼치고 있다는 사실이다. 우리가 하나님을 사랑하고 서로를 사랑하라는 예수님의 지상명령을 실현하는 법을 배울 수만 있다면, 우리의 육체적인 건강뿐만 아니라 우리의 영성적인 건강도 활짝 꽃필 것이다!

레오나드 레스코우라는 한 의사는 사랑의 치유력을 발견하였다. 그리고 "사람을 보존하는 실제적인 힘은 사랑이라는 사실과, 플라시보 효과까지 알게 되었을 때, 병원을 팔고 오로지 사랑의 치유력을 탐구하는 데만 몰두하게 되었다."[4]

버니 지겔 박사는 자신의 베스트셀러 〈사랑, 의학, 기적〉이라는 책에서, 사랑하는 관계가 암 같은 그런 치명적인 질병에 강력한 해결방법이라는 사실을 보여주는 최근의 많은 연구들을 요약하고 있다. 우리 모두가 우리 몸 주변에 떠다니는 암 세포들을 지니게 된 이후로, 건강의 핵심은 우리의 면역 체계들을 활성화시키기 위하여 우리의 정신 안에서 일어나는 것들을 강화하는 것이다. 외로움과 사랑의 결핍은 우리의 면역 체계와 살고자 하는 우리의 욕구를 내리누른다: "내 안에 텅 빈 곳이 있었는데, 그곳을 채우려고 암이 자라고 있었나 봐요." 이것이 한 외로운 여성이 지겔 박사에게 자신의 상황을 묘사한 방법이다.[5]

어떤 이들에게는 외로움이, 또 어떤 이들에게는 적대감이 친구가 될 수도 있었던 이들을 내쫓아 버린다. 사랑으로부터 멀어지면 멀어질수록 우리는 고립되고, 우리의 면역 체계는 약화되며, 우리는 질병의 나락으로 떨어지고 만다. 또 다른 유명한 의사가 책에 쓴 대로, "몸을 변화시키는 사랑의 능력은 민속이나 일반 상식이나 매일의 체험 속에서 만들어진 전설 같은 이야기이다……온 역사를 통하여, '부드럽고 사랑스러운 돌봄'은 치유에 아주 유용한 요소라고 한결같이 인정받아 왔다."[6]

행복한 결혼은 건강을 보호하지만, 이혼은 우리 삶의 기대를 저버린다.[7] 독불장군들은 암을 발전시키는 경향이 있다;[8] 적대감은 혈관을 압박해서 심장질환을 일으키기 쉽다.[9] "다양한 연구의 결과, 만일 우리가 더 오래 살기를 바란다면, 우리 주변에 친구와 절친한 동료가 되어줄 만한 좋은 사람들이 최소한 두세 명은 있어야 한다는 사실을 입증해 준다. 그러한 발견은 무수히 많은 연구들이 착수되고 무수히 많은 사람들이 연구대상이 되었음에도 불구하고, 전세계적으로 끊임없이 사실로 판명되어 오고 있다."[10] 사람들은 외롭게 죽어가는 사람들이 사회적으로 강한 유대감을 지닌 이들보다 세 배는 더 된다고 분류하였다.[11]

한 놀라운 연구에서는 샌프란시스코로 이주해서 우리의 나쁜 식사습관에 어느 정도 젖어 있는 일단의 일본사람들이 자신들의 서구 상대방들과 똑같은 고혈청 콜레스테롤 수준과 고혈압을 지니고 있음에도 불구하고 심장질환자가 현저히 낮다는 사실을 보여주었다. 그들의 낮은 질병률은 그 일본사람들이 미국으로 이주한 뒤에도 꾸준히 유지한 강한 사회적 유대감에 기인한 것이었다. "일본사람 17,000명—미국과 일본 두 곳 다 포함해서—을 연구해 본 뒤에, 연구자들은 일본이 '집단'을 강조하는 게 건강과 장수의 열쇠라고 결론지었다. 전통적으로, 일본사람들은 가족이나 친구들과 아주 밀착되어 있다; 그들은 나이 드신 어른들을 영예롭게 생각하며 존경한다. 그리고 그들은 평생친구를 사귀는 데 매우 우선권을 둔다."[12]

다시 말하지만, 우리가 우리 적을 용서할 때 일단의 고전압 화학물질이 우리 혈류(血流) 안에서 생성된다. 그러면 혈관을 긴장시키는 두통이 시작되고, 위궤양과 민간성 내장증후군 같은 다른 가벼운 병들이 이어질 수 있다. 우리가 툴툴 털어 버리고 용서할 때, 치유가 뒤따른다.[13]

진실로, 사랑은 세상을 잘 돌아가게 만든다. 사랑이 부족하면 우리 인간 세상은 멈추고 말 것이다. 놀라운 것은 사랑의 치유적인 영향력을 연구하는 것들 대부분이 단순히 치유적인 사랑의 인간적인 측면만 건드리고 있다는 사실이다. 놀라운 치유는 우리의 인간적인 돌봄에서 비롯된다―그리고 이것은 또한 하나님의 창조의 일부이기도 하다. 사람들이 그런 고차원을 모를지라도 말이다. 엄마가 자기 아기를 요람에 넣어서 재우고 간호할 때, 그녀는 자기 아기에게 생명과 건강을 가져다주는 것이다. 만일 그녀가 하나님께 자기 아기에게 생명과 건강을 물려주시기를 기도한다면, 그보다 더한 일도 일어난다. 의사들이 환자를 위로하는 마음으로 잘 다루는 게 친절하고 전문적인 공손 이상이라는 사실과, 환자를 돌보는 게 의사가 처방하는 약이나 기술적 처치만큼 건강에 공헌할 것이라는 사실을 발견하고 있는 것과 매한가지로, 그리스도인들도 그리스도인의 사랑과 용서를 통하여 건강한 교회와 공동체를 세울 수 있을 뿐만 아니라 저마다 강하고 건강한 사람으로 만들어 갈 수 있다.

우리가 일단의 사람들과 함께 기도할 때마다, 그들의 주된 응답은―그들에게 그 밖에 다른 어떤 것보다도 더 강한 인상을 주는 것은―그들이 느끼는 사랑이다. 사랑은 놀라운 의학이다; 사랑은 우리에게 생명을 가져다 준다.

> 즐거운 마음은 병을 낫게 하지만, 근심하는 마음은 뼈를 마르게 한다(잠언 17장 22절).

나가는 말
치유의 기적은 오늘도 계속된다

이 이야기는 세 사람의 인디언에 관한 것이다. 이미 이 책 초판에서도 했던 이야기다. 거기서는 이 이야기를 첫 번째 장에서 했었다. 내가 이 이야기를 시작부분에서부터 했던 것은 다 이유가 있었다. 곧 읽는 이들에게 하나의 도전이 되었으면 해서였다: 우리는 인디언들이 이야기했던 그러한 치유가 실제로 일어났다고 정말 믿을 수 있는가? 이 이야기를 읽어본 뒤, 편집진에서는 이구동성으로 이 인디언들의 간증이 평범한 독자들이 믿기엔 너무 많은 것을 요구한다는 데 뜻을 같이 하였다. 그래서 우리는 대부분의 독자들이 그냥 책을 덮어 버리지나 않을까 염려하지 않을 수 없었다. 첫 장을 다 읽기도 전에!

그들의 의견이 담고 있는 지혜에 동의하면서, 우리는 그 이야기를 다시 여기에 수록하였다. 여러분 자신의 반응을 통하여 그것을 실험해 보라. 여러분은 이 인디언들이 이야기한 것이 일어날 가능성이 있다고 생각하는가?

이것은 내가 진실로 가장 좋아하는 이야기다. 가는 곳마다 이 이야기를 즐겨 해왔다. 이 이야기야말로 교회를 위한 하나의 비유라고 믿기 때문이다.

나는 이 인디언 이야기를 (사우스 다코타 주의 마빈에 있는) 블루 클라우드 수도원에서 들었다. 나는 거기에 목회자들을 위한 기도워크숍 인도자로 초청을 받았다. 그것은 전국적인 모임이었다. 워크숍 인도자는 여섯 명이었는데, 나도 그 가운데 한 명이었다. 이러한 워크숍들이 전국 일곱 개 지역에서 열렸는데, 전국목회자연합회의 후원으로 진행되었다.

이 특별한 워크숍에 그 지역에 사는 45명의 목회자들이 참석하였다. 이 워크숍에서 내가 맡은 역할은 은사주의적 기도에 대하여 말하는 것이었다. 그것은 우리 팀이 맡은 역할이기도 했다.

우리 팀을 이 워크숍으로 인도해 준 사람은 발티모어에 사는 프랭크 칼라한이었다. 우리는 그를 미네아폴리스 공항에서 만났다. 사우스 다코타의 워터 타운으로 가는 비행기를 타기 위해서였다. 거기, 공항 서점에서 우리는 〈내 마음, 저 상처입은 평원에 묻고〉(Bury My Heart at Wounded Knee)라는 책을 몇 권 샀다. 이제 막 출간된 책이었다. 그것은 우리가 방문하려고 하는 지역의 배경을 알아보는 데 아주 적절한 것으로 보였다. 대평원의 전쟁(the Battle of Wounded Knee)이 벌어졌던 곳이 바로 수(Sioux) 인디언 영토의 심장부였던 사우스 다코타 주였기 때문이다.

우리는 워터 타운 공항에서 내려 사우스 다코타 주의 마빈을 향해 차를 몰았다. 가는 길에 우리가 향하고 있는 지점이 몹시 외진 것에 대하여 농담을 주고받기도 하였다. 그 이전의 모든 워크숍들은 대도시에서 열렸다. 그래서 나는 그 지역 사람들이 어떻게 자신의 삶에 성령이 역사하셨는가를 간증하게 함으로 나의 강의를 부연할 수 있었다. 예를 들어, 휴스턴에서는 성공회 소속 '구세주의 교회' 교인들이 초청되었다. 그리고 그들이 놀라운 공동체를 일으키도록 성령께서 그들을 어떻게 도우셨는가를 나누었다. 하지만 사우스 다코타 주의 마빈은 그야말로 실험이 될 만했다. 그 평원 안에서도 은사주의적 기도 그룹을 발견할 수 있을 것인가!

　우리가 그곳에 도착했을 때, 수도원 원장인 오딜로는 귀뜸을 해주었다. 이곳에도 인디언들로 구성된 기도 그룹이 있는데, 바로 수도원에서 만날 수 있다고. 그러나 그들 가운데 몇 사람이 자신들의 경험을 말해 줄 수 있겠는지를 물었을 때 오딜로 원장의 대답은 부정적이었다. 그는 목회자들 앞에서 이야기하는 것을 무척 수줍어 할 인디언들이 당황하게 될까봐 염려했던 것이다. 그래서 우리는 그 생각을 포기했다.

　4월 26일 수요일 오후, 내 강의가 끝나자 사람들은 그날 저녁에도 강연을 해줄 것을 요청하였다. 그날 저녁은 자유시간이었는데, 그 평원에서는 갈 만한 곳이 아무 데도 없었기 때문이다. 그래서 나는 목회자들의 삶과 관련하여 치유사역에 대한 추가강의를 하였다. 그런데 내가 강의를 마쳐갈 무렵, 오딜로 원장을 부르는 벨이 울렸다. 그래서 그가 일어나 나갔다.

　조금 뒤에 돌아온 그는 강단으로 올라와 속삭이기를 지금 세 사람의 인디언이 수도원에 막 도착했는데, 1876년 카스터 장군의 기병대를 전멸시킨 수족의 유명한 인디언 추상 시팅불(Sitting Bull)에 관한 책을 빌려가기 위하여 도서관의 열쇠를 찾는 중이라고 했다. 그는 또한 최근에 치유를 경험했는데 그들의 습관적인 과묵함에도 불구하고 그것에 대해 기꺼이 이야기하려 할 것이라고 했다. 그리고 원장은 나에게 그들과 말을 나누어보고 싶은지를 물었다. "그렇다"고 하자, 그는 다시 밖으로 나갔다.

　내가 막 강의를 끝내자, 이 세 명의 수족 인디언이 갑자기 내 등 뒤에 있는 영화 스크린 뒤쪽에서 나타났다. 오딜로 원장이 이 예기치 못한 방문자들을 소개하였다. 시몬 키블과 그의 아내 루시, 그리고 스무살쯤 되 보이는 낸시라는 젊은 여자였다.

　아래의 내용은 테이프에 녹음했던 것을 그대로 옮겨놓은 것이다. 문체나 문법에 전혀 손대지 않았다. (그 말의 리듬이나 말하는 방법은 〈내 마음, 저 상처입은 평원에 묻고〉에서 각 장 앞부분에 시작하는 말로 씌어진 인디언들의 주장을 언뜻언뜻 떠올리게 만들었다.) 첫 번째로 말한 사람은 루시 키블 부인이었다.

나는 날마다 주님을 찬양하기를 원합니다. 그분께서 나를 위하여 행하신 것 때문입니다. 나는 나쁜 여자였습니다. 나는 험담하기를 좋아했고 돌아다니며 남의 말을 했고, 다른 사람들을 미워했습니다. 그런데 한 번은 내게 기도가 필요했습니다. 그 사람들이 와서 나를 위하여 기도해 주었습니다. 그랬더니 예수님께서 나를 모든 일들, 내가 행하고 있던 모든 나쁜 일들로부터 나를 해방시켜 주셨습니다. 특별히 인디언춤을 추는 것과 모든 마술들과 내가 행하던 모든 것에서부터 자유롭게 해주었던 것이지요. 내가 마음을 열고 내 생애를 주님께 드렸을 때 그분은 나를 해방시켜 주셨습니다. 그분은 많은 상처를 치유해 주셨습니다. 그분은 나의 병을 고쳐주셨습니다. 내가 아플 때마다 기도하면 그분은 나를 고쳐주십니다.
지난 주일, 우리는 미네아폴리스에 갔었는데 거기서 우리는 치유집회에 참석했습니다. 우리가 거기에 막 도착하자—내 아이와 함께 갔는데—그가 말하기를, "엄마, 나는 이가 아파요, 그 사람들이 치유세미나를 저기서 연데요. 거기 가보지 않겠어요?"라고 했던 것이다. 그래서, 우리는 거기에 간 것입니다. 그는 일어났고 이 사람이 그를 위하여 기도해 주었습니다. 그러자 예수님께서는 즉시로 거기서 그의 충치먹은 일곱 개의 이빨을 때워 주셨습니다. 그분은 그것들을 은으로 채워주셨습니다. 이것은 정말입니다. 이 얼마나 놀라운 예수님의 능력인지요. 그분은 여러분의 모든 문제와 고통을 해결해 주실 수 있습니다. 내가 예수님과 더 밀접하게 함께 걷게 되었을 때,

그분은 나에게 많은 것—그분이 할 수 있는 모든 기적들—을 보여주셨습니다. 예수님에 대한 믿음을 가지십시오, 정말!

그리고 이것은 지난 주일 그분께서 제 아들에게 해주신 일입니다. 그분은 제 아들의 충치 구멍을 막아주셨습니다. 그분은 다른 몇 가지 일도 하셨는데, 여러분은 그것을 믿을 수 없을 것입니다! 예수님께서 어떻게 역사하실 수 있는지—어떻게 그분께서 그 사람들을 치유하셨는지.

나는 그들을 보며 거기 있었는데—어떻게 사람들이 줄을 서고, 치유를 받는가를 보았습니다. 예수님의 능력이 얼마나 놀라운지 나는 그분이 나를 만지셨을 때 알았습니다. 나는 정신을 잃어버릴 지경이었습니다.

따라서 만일 여러분이 예수님을 신뢰하고 그분께 자신을 드리며 마음을 열어놓는다면, 예수님은 여러분을 충만하게 하실 수 있습니다. 그분은 이 땅에 오실 것입니다. 그분이 성령으로 여러분을 충만케 하실 것입니다.

그 다음은 낸시라는 젊은 여인 차례였는데, 하루 종일 일한 차림 그대로였다. 그 여자의 간증을 가장 신뢰할 수 있게 했던 사실은 그 여자가 매우 수줍음을 타며, 말하기를 싫어했다는 것이다. 그 여자가 단지 그것을 말했던 것은 그것이 그대로 일어났기 때문이었다는 것을 알 수 있었다.

나는 믿지 않았습니다. 예수님이 누군가를 고치실 수 있다고는. 나는 믿지 않았습니다. 그런 일이 일어나는 걸 결코 본 적이 없었기에. 그러나 미네아폴리스에서 온 이 사람들이 나를 거기로 데리고 갔습니다. 우리는 그 기도회에 갔습니다. 그리고 안으로 들어갔지요.

나는 거기 앉아 있었습니다. 그런데 그 사람이 일어서더니, 나에게 와서 앞으로 나오라고 했습니다. 그는 말했습니다: "당신은 믿지 않는군요. 당신은 예수님을 정말로 영접하지 않았어요. 나는 당신을 위하여 기도해 드리고 싶어요." 나는 아무 말도 하지 않았습니다. 그냥 거기 서 있었지요.

"치아를 때운 것이 있습니까?"

"없어요."

"지금 구멍난 치아가 있나요?"

"네, 하지만 치과의사한테 가려고 합니다."

"좋아요, 내가 당신을 위하여 기도하려고 합니다. 나는 당신이 예수님께 마음을 맞추기를 바래요. 다른 것들은 모두 잊어버리세요."

나는 그 사람이 말한 대로 했습니다. 그는 나를 위하여 기도하기 시작했습니다. 그런데 뭔가 미묘한 느낌이 오기 시작했습니다—여러분도 아시겠지만 속이 떨리며 뜨거워졌습니다. 그 후 그 사람은 나의 입안을 들여다보았습니다. 그리고 이렇게 물었지요.

"금이나 은으로 치아를 메꾼 적이 전혀 없었나요?"

"예."

그러자 그는 한 부인을 그곳으로 올라오게 하더니 내 입을 들여다보게 했습니다. 그 여자는 내 입의 윗부분은 금으로, 아랫부분은 은으로 채워졌다고 했습니다. 나는 여전히 믿을 수가 없었습니다. 그것을 안 그 사람은 나에게 집으로 돌아가 거울로 들여다보라고 말했습니다.

나는 그날 밤 집으로 돌아왔습니다. 그리고 거울을 들여다보았지요. 헉, 나는 내 입 안에서 금과 은을 볼 수 있었습니다.

나는 치과의사에게 달려갔습니다. 그랬더니 그 치과의사가 이렇게 말하는 것이 아니겠습니까? "어떤 이상한 것으로 치아가 메꾸어져 있음이 틀림없습니다."
내가 믿기 시작한 것은 바로 그 때부터였습니다.
나는 그것이 정말로 주님의 길을 따르려고 노력하는 한 사람에게서 왔다는 것을 알고 있습니다. 그리고 그것이 나로 하여금 여러 사람 앞에 서서 주님에 대해 말하게 하는 것입니다.

오딜로 원장이 그 다코타의 인디언들을 위하여 기도해 주고 모임의 결론을 맺으려고 하는 순간, 시몬 키블이 자신도 말을 하고 싶다고 했다. 그의 말은 이렇게 시작되었다:

> 사도행전 1장 1-9절을 읽어 보십시오.
> 예수님께서 그 사십 일을 함께 지내셨지만,
> 아무도 그분이 무엇을 하시고자 하는지 몰랐습니다―
> 얼마나 많은 기도를 그분이 드리고 계시며,
> 얼마나 많은 믿음과 사랑을 그분이 갖고 계신지,
> 여러분이 그것을 읽어보십시오; 곧 알게 될 것입니다.
> 하지만 여러분의 마음속 깊은 곳으로부터
> 진실로 그분을 믿으십시오.
> 그러면 그분이 여러분에게 곧바로 보여주실 것입니다.
> 하나님은 여러분을 치유하실 수 있다는 것을!
> 그러나, 치유는 사람이 합니다―바로 여러분 같은.
> 여러분은 아픈 사람을 몸소 용서해 주어야 합니다.
> 그리고 그에게 시간을 주어야 합니다.
> 여러분은 그에게 물어보아야 합니다.
> "당신은 믿음을 가지고 있습니까?"
> "당신은 하나님을 사랑하십니까?"

그러면 그는 대답할 것입니다: "예, 예, 그렇고말구요." 여러분은 그에게 모든 죄를 버려야 한다고 말해 주어야 합니다.
그리고 다시 물어야 합니다: "당신은 그분을 믿습니까?"
그가 "예"라고 말할 것입니다.
그러면 그 때 그에게 다가가 만지십시오. 곧바로 그를 치유하십시오. 예수님이 하시는 일은 정말 강력하십니다!
나는 그것을 발견했습니다.
그것은 (자신의 가슴을 가리키며) 이곳을 통하여 나옵니다.
나는 그것을 느낄 수 있습니다―마치 전기를 만졌을 때처럼.
여러분의 몸 안에 그 모든 게 있습니다―
그것이 흘러 나와,
여러분을 따뜻하게 하고 여러분을 감동시킵니다.
그러면 여러분은 치유할 수 있다.
우리는 시쎄톤에서 아주 많은 사람을 고치고 있습니다.
그들 가운데는 가끔 죄를 짓는 사람이 있습니다. 그것은 잘못된 것이지요.
예수님은 그것을 좋아하시지 않습니다.
그러나 예수님은 용서하십니다;
그분은 죄인을 좋아하십니다.
그분은 아무도 죽기를 바라지 않으십니다.
그분은 모든 사람이 건강하기를 바라십니다.
지금 이 자리, 예수님이 좋다는 사람 있습니까? 손좀 들어보세요!
(여기서 목회자들은 무엇을 하려는지 알지 못했다. 어쨌든 그들은 머뭇거리며 다 손을 들었다.)
여러분 가운데 다른 사람을 치유해 본 적이 있는 사람은 얼마나 됩니까? (여기서는 딱 두 사람만 손을 들었다.)

이게 어찌된 일입니까? 여러분이 예수님을 안다고 하면서 아무도 치유하지 않는다니 정말이지 이게 어찌된 일입니까? (쥐죽은 듯한 침묵!)

이 이야기가 사실일 수 있는가 하는 의문은 우리 모두가 직면하는 것이다. 그날 밤 그 자리에 있었던 45명의 목회자들이 그랬던 것처럼. 우리가 대부분 듣게 되는 치유들은 자연적인 치유과정이 가속화된 것이라고 생각해 볼 수 있다. 우리는 자주 일어난 일들에 대하여 무엇인가 자연적인 설명을 발견할 수 있을 것이라는 깊은 의심을 하곤 한다. 하지만 치아가 메꿔진 것은 어떤가? 우리가 그런 것을 상상이나 할 수 있는가?

믿음의 결단을 촉구하던 초청―"예수님을 안다고 하면서 아무도 치유하지 않는다니 어찌 된 일입니까?"를 적어도 한 사람이 심각하게 받아들였다. 그리고 바로 그날 밤부터 그는 아픈 이들을 위하여 기도하기 시작하였다. 그리고 지금은 그 자신이 그 결과를 보고 있다:

우리가 믿는 것은, 이제 당신의 말 때문만은 아니오. 우리가 그 말씀을 직접 들어보고, 이분이 참으로 세상의 구주이심을 알았기 때문이오(요한복음 4장 42절).

주

들어가는 말

1) *Study Text II: Anointing and Pastoral Care of the Sick* (Washington D.C.: Publications Office, 1973).

2) 브루스 베이커는 치유에 대한 우리의 가르침을 토대로 27분짜리 영화를 만들었다. 그 영화 이름은 <교회의 치유사역> (*The Healing Ministry of the Church*)이다. 배급처는 피라미드 영화사(Box 1048, Santa Monica, Calif. 90406). 나는 치유에 대하여 좀 더 배우기를 원하는 그룹들에게 이 영화를 추천한다.

3) *Study Text II: Anoiting and Pastoral Care of the Sick* (Washington, D.C.: Publications Office, 1973).

4) 지난 1978년에 우리 팀은 오하이오 주, 톨레도에 있는 성 빈센트 병원에서 24명의 환자들을 위하여 어떻게 기도해 주었는지 기록한 30분짜리 영화를 함께 만들었다. 그 제목이 <기도를 통한 치유의 능력> (*The Healing Power of Prayer*)이다. 우리 크리스천치유사역연구원에서 그것을 구입할 수도 있다.

1. 치유는 과연 일어나는가?

1) Dr. Larry Dossey, M.D., *Pray Is Good Medicine* (San Francisco: Harper San

Francisco, 1996), 66-67쪽.

2) Dr. Larry Dossey, *Healing Words: The Power of Prayer and the Practice of Medicine* (San Francisco: Harper San Francisco, 1993).

3) Dr. Dale Matthews with Connie Clark, *The Faith Factor: Proof of the Healing Power of Prayer* (New York: Viking, 1998).

4) 치유에 관하여 성령강림운동이 가져다 준 것 가운데 가장 공론화가 덜 된 측면은 백인과 흑인 사이의 관계를 치유하는 것이었다. Vinson Synan, *The Holiness-Pentecostal Movement in the United States* (Grand Rapids, MI: Eerdmans, 1971), 165쪽.

5) 그는 나중에 주교가 되었다.

6) *First Latin-American Charismatic Leadership Conference*, 이것은 프랜시스 S. 맥너트가 보고한 것이다.

7) 1988년에 나는 랄프에게 이야기했다. 그리고 그는 그들이 텍사스, 브라운스빌 이웃에서 약 4백 개의 중보기도 공동체를 시작하는 것을 돕고 있다고 보고하였다.

8) "The Holy Spirit and Seventy Priests," by Father John B. Healey in *Brooklyn Tablet*, September 13, 1973.

2. 치유에 대한 우리의 편견

1) 이 정형화된 이미지에 대한 하나의 흥미로운 설명이 성 루이스의 병자치유기도에 대한 나의 초기 작품에 대하여 쓰여진 한 논문의 제목이 되었다: "Pentecostalism Comes in From the Tents" (*St. Louis Review*, August 29, 1969).

2) Dana King, M.D., Jeffrey Sobal, Ph.D., and Bruce DeForge, M.A. "Family Practice Patients' Experiences and Beliefs in Faith Healing." *The Journal of Family Practice*, Vol. 27, No. 5, 1988, 505-508쪽.

3) 몰튼 T. 켈시는 자신의 멋진 책 <*Healing and Christianity*>(New York: Harper & Row, 1973)에서, 치유가 하나님의 일상적인 뜻이라고 여겨졌던 초기 그리스도교에서, 질병이 우리를 향한 하나님의 일상적인 뜻이라고 제시되는 현재로 어떻게

극적인 변천이 생기게 되었는지를 추적한다. 이러한 커다란 변천은 주후 제3세기와 제4세기 사이에 일어났다.

4) Louis Evely, *The Gospels Without Myth* (New York: Doubleday, 1970), 25쪽.

3. 그리스도교의 기본 메시지 : 예수님은 구원하신다

1) "Salvation and Healing," *The Way*, October, 1970, 302-303쪽.

2) *Christianizing the Roman Empire: A.D. 100-400* (New Heaven, Ct: Yale University Press, 1984), 143쪽.

3) 위의 책, 27쪽.

4) 위의 책, 37쪽과 39쪽.

5) 위의 책, 41쪽.

6) 위의 책, 36쪽.

7) *Fire From Heaven* (Reading, MA: Addison-Wesley Publishing Co., 1995).

8) 위의 책, XV쪽.

9) Kelsey, 185쪽.

10) 이 마지막 부분은 최초 사본에는 없다; 많은 학자들은 초기 그리스도교 공동체가 마가복음 16:9-20을 첨가했다고 믿는다. 만일 그렇다면, 그것은 초기 그리스도교의 믿음은 치유의 능력을 자신들의 공동체의 일상적인 활동으로 끊임없이 기대했음을 보여준다.

4. 가장 온전한 것이 가장 거룩한 것이다

1) 야고보서의 이 구절에 대한 이해는 거의 1500년 동안 가톨릭 교회가 신약성서의 유일한 공식 번역으로 공인해 온 불가타역에 따라 크게 영향을 받았다. 이 번역은 주후 400년 경에 제롬이 본디 그리스어를 라틴어로 바꾼 것이다. 그 안에서 그리스어의 (1)구원하다(*save*)와 (2)치유하다(*heal*)라는 단어는 둘 다 라틴어 *salvo*(구원하다)로 번역된다. 그것이 "그러므로 여러분은 서로 죄를 자백하고 서로를 위하여 기도하십시오. 그래서 여러분이 구원을 받게 하십시오."로 번역되는지

"……그래서 여러분이 치유를 받게 하십시오."로 번역되든지 간에 이 구절에 대한 이해에는 현실적으로 차이가 있다.

2) MacMullen, 59-60쪽.

3) 위의 책, 31쪽.

4) 위의 책, 59-60쪽.

5) Henry Suso, *The Exemplar*, tr. by Ann Edward, O.P. (Dubuque: Priory Press, 1962), I: 37-38쪽.

6) John T. Noonan Jr., *Contraception* (New York: Mentor-Omega, 1967), 187-188쪽.

7) *A New Catechism* (New York: Herder and Herder, 1967), 468-469쪽.

8) 처음에 세례받을 때에는 이마와 가슴과 등에 기름을 발랐다. 그리고 나서 견신례 때에는 이마에 기름을 바르고, 임직예식 때에는 손바닥에 기름을 발랐다. 그리고 마침내, 마지막(임종예식) 때에는 모든 감각기관에 기름을 발랐다.

9) 제임스 랜디는 *The Faith Healers* (Buffalo, N.Y.: Prometheus Books, 1987)에서 수많은 그리스도교 치유자들이 "아픈 이들을 먹이로 삼아" 거짓 희망을 주고 그들의 돈을 갈취한다고 공격한다.

5. 날마다 자기 십자가를 지고 가게 하라.

1) 그와는 아주 반대로, 마가복음의 최초 사본에는 예수님이 그 나병환자(마가복음 1장 14절)를 만났을 때, 주님이 "분노하시고"로 기록되어 있다. 아마도 나병을 악으로 간주하였기 때문이라고 추측할 수 있다. 후기 사본들에는 그 동사가 "불쌍히 여기시고"로 바뀐다.

예수님이 질병을 오히려 축출해야 할 일종의 귀신처럼 다루신 비슷한 이야기는 시몬의 장모를 치유하시는 누가복음 이야기(4장 38-39절)에도 반영되어 있다. 거기서는 예수님께서 "열병을 꾸짖으셨다. 그러자 열병이 물러갔다"고 되어 있다.

2) 물론 그분 자신의 고향인 나사렛에서는 예외였다: "예수님께서는 거기에서, 다만 몇몇 병자에게 손을 얹어서 고쳐 주신 것 밖에는, 아무 기적도 일으킬 수 없었다. 그리고 그들이 믿지 않는 것에 놀라셨다"(마가복음 6장 5-6절).

3) 또한 복음서가 보통 치유를 귀신을 내쫓는 것과 연결시키는 것도 중요하다; 치유와 축사는 병행된 사역들이다. 그것들은 둘 다 악과 연결된다; 질병은 하나님의 뜻이라기보다 귀신들에 따라 고통받는 것에 지나지 않는다. "그들은 많은 귀신을 내쫓으며, 수많은 병자에게 기름을 발라서 병을 고쳐 주었다"(마가복음 6장 13절).

4) 몇몇 초기 사본에는 "……기도와 금식 외에는"이라고 되어 있다. 그러나 최초의 사본에는 단지 "……기도 외에는"이라고만 되어 있다.

5) Agnes Sanford, *Sealed Orders* (Plainfield, NJ: Logos International, 1972), 259쪽.

6) *Collectio Rituum* (New York: Catholic Book Publishing Co., 1964), 307쪽.

7) Rufus Moseley. *Perfect Everything* (Macalester-Park, St. Paul: 1952). 개정판, 49-51쪽.

6. 기적—일종의 증거?

1) 기쁘게도, 다양한 교단 안에 고립되어 있던 회중들 안에 많은 변화의 조짐들이 있다. 거기서는 사역자들이 정기적으로 치유예식을 베푼다.

2) 그가 알코올 중독자들과 함께 일한 이야기들은 *The Cross and the Switchblade* (New York: Spire Paperbacks, 1964) 속에서 읽을 수 있다.

3) "수척한 금발의 그 젊은이는 가늘게 떨고 있었다. 긴장된 얼굴과 짧게 친 머리는 그가 최근까지 전쟁터에 있었으며 또 헤로인 중독이라는 질병과 전쟁을 치렀음을 잘 말해 주고 있었다. 그는 베델장막교회 뒤쪽에 우두커니 서 있을 뿐이었다. 그 교회는 캘리포니아 주 레돈도 비치에 있는 백인 오순절 교회로서, 기적이 일어나고 있는 교회로 알려져 있었다……."

"그때 한 젊은이가 무릎을 꿇고 있던 자리에서 천천히 일어나 흩어져 있는 회중 사이로 걸어서 교회 뒤쪽에 있는 그 재향 군인에게로 왔다."

"형제님, 환영합니다. 이곳에 잘 오셨습니다."

"예수님은 당신을 도와주실 수 있습니다……."

"1분도 안 되는 짧은 시간이었다. 그 젊은이는 조용히 흐느끼기 시작하더니 마치 최면에 걸린 듯 그를 둘러싸고 지원해 주는 사람들과 함께 간단한 감사기도를 드리기 시작했다. '오, 주님! 감사합니다……'"

"베델 장막의 유명한 30초 헤로인 치유는 다시 효과를 나타내었다. 예수 그리스도를 영접하면 당신에게는 어떠한 움츠림의 고통이나 어떠한 불안이나 어떠한 아픔도 있지 않을 것이라는 보장이 주어졌다. 엄청 놀랐으면서도 완전히 확신에 찬 그 교인은 베델의 급성장하고, 확산되고, 파급되고 있는 회중 속으로 뿌리를 내렸다."

Brian Vachon, and Jack and Betty Cheetham, *A Time to Be Born* (Englewood Cliffs, N.J.: Prentice-Hall, 1972), 1-2쪽.

7. 하나님은 사랑이시다

1) Pamela Carswell, *Offbeat Spirituality* (New York: Sheed & Ward, 1961), 219-223쪽 여기저기에서.

2) C. S. Lewis, *A Grief Observed* (New York: Seabury Press, 1961), 9, 11, 26-27, 35-36쪽.

3) Fyodor Dostoyevsky, *The Brothers Karamazov* (New York: Signet, 1957), 226쪽.

4) 가슴을 에는 이런 종류의 질문이 최근에 내가 받은 편지에서도 제기되고 있다:

"내 여동생이 지난 여름 죽었다. 그 아이는 놀라운 정도로 신앙이 깊은 소녀였는데 그 아이의 생애에서 올 들어 상태가 나빠지기까지는 매일 교회에 다녔다. 그 아이는 매우 특별한 소녀였다. 자신의 질병과 고통에 대해 결코 불평하지 않았으니까요. 아주 독한 치료를 받아 머리가 다 빠지고, 마침내는 음식을 먹을 수도 없었지만 언제나 웃음을 잃지 않았다."

"그런데 나의 가장 큰 근심은 이제 우리 엄마다. 어머니는 내가 기억하는 한 언제나 매우 경건한 사람이었다. 그녀의 생애 가운데 교회에 매일 나갔으며, 매일 밤 무릎을 꿇고 기도했다. 우리 어머니는 우리 생활에 활기와 힘을 불어넣어 주시는 분이셨다."

"그러나 내 여동생의 죽음은 어머니를 완전히 산산조각나게 만들었다. 어머니는 기적이 일어날 것이라고 정말 믿었다."

"지금의 내 느낌은, 왜 일이 이렇게 되어야 하는가이다. 우리는 믿었고, 기도했으며 소망을 가졌었다. 그리고 내 여동생은 무척 살고 싶어했고, 그리고 그럴 수 있을 만큼 착했다."

"하지만 나는 하나님의 길이 우리의 길과 다르다는 것을 알고 있다. 지금 내가 크게 염려하고 있는 사람은 바로 우리 어머니다. 어머니는 하나님께 완전히 등을 돌려 버렸다. 더 이상 기도하지 않을 뿐더러, 더 이상 하나님께 대한 믿음도 갖지 않게 된 것이다. 이제 거의 두 달이 다 되어간다. 어머니는 소리소리 지르고 모든 일에 하나님을 저주하고 있다. 이것은 우리 어머니가 아니다. 그런데도 집안 식구 누구 하나도 어떤 식으로든 어머니를 돕거나 위로할 수가 없는 것 같다."

5) 바울이 우리에게 경고한 대로, "그들은 진리를 듣지 않고, 허탄한 이야기에 귀를 기울일 것입니다"(디모데후서 4장 4절).

8. 이런 믿음은 치유받아야 한다.

1) Louis Evely, *The Gospel Without Myth* (New York: Doubleday & Co., Inc., 1971), 52쪽.

2) *The Word of Faith*, January 1972 (published by Kenneth Hagin Evangelistic Association, P.O. Box 50126, Tulsa, OK 74150).

3) X는 질병의 증상을 무시하는 믿음을 강조하는 한 유명한 전도자를 대신한다.

4) 이것이 25년 전에 씌어졌다는 것을 기억하라. 나는 그 코트에 대해서 더 이상 무모하게 밀어붙이지는 않는다!

5) *Under the Shelter of His Wings*, 2쪽. A pamphlet published by Macalester-Park Publishing Co., St. Paul, MN.

6) 이것은 단지 우리가 결과들에 대하여 염려할 필요가 없음을 말하는 것이다. 어떤 의미에서 우리는 한 사람을 위하여 기도해 줄 수 있지만, 그 다음에는 당당하게 걸어나와야 한다. 결과는 전적으로 하나님께 맡긴 채. 다른 한편으로, 우리는 꼭 사후조치를 취할 필요가 있다: 우리는 그 사람이 하나님께 우리 기도를 들어 주시

고 응답해 주시는 데 감사하도록 격려할 필요가 있다. 게다가, 더 기도할 필요도 있다. 우리는 우리가 드린 최초 기도의 결과—또는 결과가 없음—를 알 필요가 있기 때문이다. 무엇보다 가장 중요한 것은, 많은 치유가 점진적이며 그리스도인 공동체의 지속적인 후원을 필요로 한다는 사실이다.

9. 믿음의 신비, 싹트는 희망

1) Paul Tournier, *The Person Reborn*, (New York: Harper & Row, 1966), 20-21쪽.

2) 몰튼 T. 켈시는 지성의 세계와 치유의 체험 사이의 거리를 다음과 같이 지적한다: "오늘 그리스도교적 치유가 일어나는지 혹은 일어나지 않는지는 오로지 사실들에 의해서만 판단할 수 있다. 그러나 기독교 신학은 그 사실들을 살펴보려고도 하지 않는 듯하다. 이미 우리가 보았듯이, 분명 이러한 사실들은 부족하지가 않다. 대신에 한 사람은 처음부터 뻔히 알고 있는 결론으로부터 뚜렷한 인상을 가지고 있다. 이러한 것은 최근 신학에 대한 가장 광범위한 개괄서인 존 맥쿼리의 *Twelfth Century Religious Thought*에서도 분명히 드러난다. 치유는 오늘 너무도 무심하게 간과되고 있다. 그 책 안에 있는 150명의 신학자들의 논의 가운데 인간의 종교생활이 그의 정신이나 신체적 건강에 미치는 영향에 대하여 강조한 사람은 한 명도 없다. 그에 비하면, 정신의학자들이나 정신신체의학을 연구하는 사람들의 통찰력이 오히려 더 뛰어나다. 종교 사상가들 가운데는 사실 치유에 반대하는 논지를 가지고 있지 않은 사람이 거의 없을 정도다."

"물론 거기에는 메리 베이커 에디(크리스천 사이언스 창시자: 역자주)나 그 밖의 다른 이들의 신학적 기행(奇行)을 비꼬는 것과 이른바 '신앙' 치유자들의 엉뚱한 과장을 비방하는 사람들이 다소 있다. 하지만 치유의 가능성을 무시하는 진짜 이유들은 이것보다 훨씬 더 깊은 데 있다. 그것은 우리 문화가 이러한 체험을 위한 여지를 남겨 놓고 있지 않다는 것이다. 사람들은 그러한 것들에 직면하여 당혹감을 느끼고, 신학은 어떠한 답변도 주지 못한다. 진정, 그리스도인 사상가들이 오늘의 치유 체험을 고려할 수 없는 것은 철학적으로 그리고 신학적으로 '신적인' 능력이 시공의 세계를 뚫고 들어올 여지를 허락하지 않는 세계관에 길들여져 있기 때문이다"(*Healing and Christianity*, 307쪽).

3) Mrs. Sophia Kania Clem, Delavan, WI.

4) 최근에 나는 그녀의 치유가 지금도 완전한지를 알아보기 위하여 그녀에게 편지를 썼다. 그녀가 보내온 답장은 이렇다:

"일년이 넘게 저는 극도로 아팠고, 어떤 의사도 제 병의 원인을 발견할 수 없었습니다. (수년 전까지만 해도 자궁내막증에 대해서는 별로 알려지지가 않았습니다.) 제 언니는 (그 당시 수녀였는데) 그것이 제가 제 머리 속에서 만든 병이고 그래서 스스로 무거운 짐을 겨안고 사는 것이라고 의심을 했지요. 그러다가, 1966년 10월에, 제 난소가 터졌습니다. 이러한 파열 외에도, 외과수술 끝에 충수염과 자궁내막증의 상태도 드러났습니다. 그 기록들은 상당히 심각해 보였습니다."

"외과수술이 끝난 뒤에, 저는 수술을 집도한 의사가 자신이 수술을 하는 동안 자궁절제를 해야 할지 말아야 할지 결정해야만 했다고 말한 것을 상기해 봅니다. 의사는 그렇게 자궁을 드러내지 않으면 자궁내막증이 재발될 것이라는 사실을 알고 있었기 때문입니다. 그는 제가 겨우 28살이었기에 자궁절제를 하지 않기로 마음 먹었습니다."

"그가 옳았습니다; 그 다음 3년 반 동안 자궁내막증의 과정이 다시 시작되었고 제 건강은 악화되었습니다. 제가 1970년에 당신을 뵐 그 당시, 저는 약(드포 프로베라)을 복용하고 있었음에도 불구하고 한창 괴로워하고 있었습니다."

"제 의사와 저는 1970년 여름에 자궁절제 수술을 하는 것에 관하여 심각하게 고려하고 있습니다. 그는 말했지요: "그것을 드러내 버립시다!" 또 수술을 받아야 한다고 생각하니 눈앞이 캄캄하였습니다. 첫번째 받은 수술도 아직 채 회복이 안 되었기 때문입니다. 또 수술을 받기에는 제 건강도 너무 안 좋았습니다."

"심리적인 치유를 위한 당신의 기도가 매우 도움이 되었습니다; 제 영혼이 고요해졌습니다. 수년간의 고통, 그러나 참으로 오랫만에 맛보는 평화였습니다. 그것은 육체적인 치유를 위한 토대를 마련해 주었습니다."

"저는 제가 당신과 사적으로 나누었던 것을 기억합니다; 그 때 당신은 제 뒤에 서서 두 손을 제 어깨 위에 올리셨지요. 당신은 기도드리는 동안 어미 닭이 자기 새

끼 병아리를 날개 아래 품는 이미지를 나누어 주셨습니다. 저는 그것을 결코 잊을 수가 없답니다."

"그리고 나서, 우리가 그 영성수련의 마지막 기도를 위하여 집단으로 만났을 때, 저는 저의 치유나 또는 성공적인 수술을 위하여 기도해 달라고 집단에게 부탁을 했습니다. 그러자 한 나이 많은 여성이 이렇게 말하는 게 아니겠습니까? '우리 치유를 선택합시다!' 저는 그녀의 정신이 마음에 들었습니다."

"치유는 저에게 분명하였습니다. 기도하는 동안 고통이 사르르 녹아 없어져 버렸기 때문입니다. 몇 날이 지나면서 제 몸은 수년 동안 맛보지 못했던 건강한 느낌을 다시 얻게 되었습니다. 기쁨과 확신이 물밀듯 회복되었습니다."

"1998년 2월 15일에, 저는 저의 치유 28주년을 기념하였습니다. 그 때 제 나이 32살이었지요. 저는 결코 자궁절제 수술을 받은 적이 없습니다. 그리고 그 후 수년이 지났건만 자궁내막증에 관한 그 어떠한 신호도 나타나지 않았습니다."

"얼마나 놀라운 기적인지요!"

5) Paul Tournier, *The Person Reborn*, 93쪽과 98쪽.

6) Oral Roberts, *The Miracle of Seed Faith* (Tulsa, OK: Oral Roberts Publications, 1970), 14-16쪽.

7) Allen Spraggett, *Kathryn Kuhlman, The Woman Who Believes in Miracles*. (New York: Thomas Y. Crowell Company, 1970).

10. "그러나 그 가운데서 으뜸은 사랑입니다"

1) Glenn Clark, Introduction to *The Healing Light*, by Agnes Sanford (St. Paul: Macalester-Park Publishing Co., 1947).

2) Tournier, 앞의 책, 58쪽.

3) Spraggett, 앞의 책, 129쪽.

4) Leonard Laskow, *Healing with Love* (San Francisco, 1992), 27쪽.

5) Bernie Siegel, *Love, Medicine and Miracles* (New York: Harper & Row, 1986), 81쪽.

6) 위의 책, 81쪽.

7) Dossey, *Healing Words*, 109쪽.

8) Brent Hafen, Keith Karren, Kathryn Frandsen, and N. Lee Smith, Mind/Body Health (Boston: Allyn and Bacon, 1996), 317-320쪽.

9) 위의 책, 299-301쪽.

10) 위의 책, 190쪽.

11) 위의 책, 278쪽.

12) Steven Locke and Douglas Colligan, The Healer Within (New York: E. P. Dutton, 1986), 89-90쪽.

13) Hafen, 앞의 책, 391쪽.

※ 성경구절은 표준새번역 개정판을 인용하였습니다.

치유의 영성

펴낸일 • 2006년 12월 5일 초판 발행
지은이 • 프랜시스 맥너트
옮긴이 • 신 선 명
펴낸이 • 길 청 자
펴낸곳 • 아침영성지도연구원
등록일 • 1999년 1월 7일/제7호
홈페이지 • www.achimhope.or.kr

총 판 • 선 교 햇 불
       전 화 : 02)2203-2739
       팩 스 : 02)2203-2738
       홈페이지 : www.ccm2u.com

- 파본은 교환해 드립니다.
- 이 출판물은 저작권법에 의해 보호를 받는 저작물이므로 무단전재와 무단복제를 금합니다.